이 책을

소중한 _____ 님에게

마음을 담아 드립니다.

IBK기업은행 현직 지행장 101명이 말하는

적자사장 흑자사장

기은경제연구소 **조병선** 소장 지음

해피맵북스

추천사

성공한 기업인의 경영노하우

오랜 공직생활을 거쳐 기업은행장으로 새로운 출발을 한 지가 1년이 지났다. 그동안 수시로 중소기업 현장을 방문하고 열정으로 일하는 많은 기업인을 만났다. 이러한 만남을 통해서 우리경제가 활력을 되찾고 국민소득 3만 불 시대를 앞당겨 달성하기 위해서는 중소기업의 견실한 성장이 필수적이라는 것을 새롭게 확인하였다.

우리는 모두 우리나라의 중소기업이 우수한 기술력과 탁월한 경영능력을 바탕으로 세계적인 경쟁력을 갖춘 일류기업으로 성장해 나가기를 소망한다. 그리고 중소기업을 경영하는 모든 CEO들이 성공신화를 창조해 나가는 존경받는 기업인이 되기를 간절히 바라고 있다.

때마침 중소기업분야에 남다른 애정을 간직한 기은경제

연구소의 조병선 소장이 성공한 기업인의 경영노하우를 진지한 대화형식으로 정리한 책을 발간하게 되어 참으로 반갑고 시의적절한 일이 아닐 수 없다.

대화의 전개과정이 재미있으면서도 경영현장에서 깊이 음미해 볼 만한 귀중한 사례와 훌륭한 조언들이 많이 담겨져 있다. 단순한 이론이 아니라 오랜 연구와 다양한 현장경험을 바탕으로 알기 쉽게 정리한 내용이기에 더욱 가슴에 와 닿는다. 금융현장에서 오랜 기간에 걸쳐 수많은 기업인을 만난 기업은행 우수 점포장들이 말하는 흑자사장과 적자사장의 특성을 수록한 부록의 내용도 흥미롭다.

이 책은 다수의 경쟁자들과 총성 없는 전투를 벌이고 있는 중소기업 CEO와 기업체 간부는 물론 성공한 기업가를 꿈꾸는 이 땅의 젊은이들에게도 반드시 읽어 볼 것을 권할 만한 충실한 내용으로 채워져 있다. 앞으로도 젊은이들에게 기업가정신을 고취하고 작지만 강한 세계적인 기업을 일구어가기 위해 불철주야 노력하는 중소기업인의 성공을 돕는 좋은 서적들이 더 많이 발간되기를 기원한다.

IBK기업은행장 윤용로

서문

흑자기업으로 가는 일곱 가지 특징

"성공하는 기업과 그렇지 못한 기업을 결정하는 요인은 무엇인가?"

이 질문으로 심각하게 고민하고 있을 때, 평소에 잘 알고 지내던 한 중소기업 사장의 자살 소식을 듣게 되었다.

회사 부도가 그를 죽음으로 내 몰았던 것이다.

장례식장에서, 나는 그 질문의 제목을 "적자기업과 흑자기업은 '누가' 결정하는가?"로 바꾸었다.

누가?

우선 그 해답을 사장에게서 찾기로 했다.

중소기업에 있어서 기업경영의 성패를 좌우하는 결정적 요인은 다름 아닌 사장에게 있다는 것을 다양한 사례를 통해서 보아왔기 때문이다.

결국 질문은, "적자사장과 흑자사장은 무엇이 결정하는가?"로 결정되었다.

문제가 정해지자 그 해답을 찾는 것은 오히려 쉬웠다.

나는 다행히도 그 질문에 정확하게 답해 줄 훌륭한 멘토들을 아주 가까이에 두고 있었기 때문이다.

내가 평생 몸담아온 기업은행 내의 많은 지행장들이다.

그들은 오랫동안 영업현장에서 수많은 중소기업 CEO를 만나온, 그리고 현재도 만나고 있는 사람들이다.

기업대출이라는 긴장감 높은 업무를 수행해오면서 적자사장과 흑자사장을 구별해 내는 날카로운 직관력과 통찰력을 길러온 전문가들이다.

나는 101명의 지행장들에게 "적자사장과 흑자사장은 무엇이 결정하는가?"라는 똑같은 질문을 던졌다.

그들은 오랫동안 경영현장에서 발견한 적자사장과 흑자사장의 일곱 가지 특징을 꼽았다.

재미있는 결과는 그 특징들이 적자사장과 흑자사장 모두에게 나타나는 공통적인 요인이라는 것이다.

예를 들어, 적자를 내는 사장도 리더십 때문이었고, 흑자를 내는 사장도 리더십 때문이었다.

그들은 똑같은 이유로 한 사람은 적자사장이 되어 몰락의 길을 걷고, 또 한 사람은 흑자사장이 되어 성공의 길을 걷고 있었다.

또 하나, 그 일곱 가지 특징들은 아주 가까이에 있는 것들이었다.

손만 뻗으면 쉽게 만지고 소유할 수 있는 평범한 진리들이었다.

바로 이것이 이 책을 쓴 이유다.

독자들의 이해를 돕기 위해 101명의 지행장들의 답변을 이야기 형식으로 정리했다.

그리고 그들의 이야기를 일곱 가지 특징으로 분류했다.

이 책을 끝까지 읽어주었으면 하는 순진한 마음에서 응답 빈도가 낮은 것부터 정리했다.

가능하면 재미있고 쉽게 쓰려고 노력했다.

그리고 책의 끝에는 내가 미처 발견하지 못한 소중한 부분을 찾기를 바라는 마음에서 일부 지행장들의 답변을 그대로 부록으로 실었다.

나는 이 책이 기업가로서의 성공을 꿈꾸는 많은 예비 사장님들에게 도움이 되기를 바란다.

적자사장에서 흑자사장으로 전환되기를 바라는 많은 적자사장님들에게 작은 깨우침이 되기를 바란다.

많은 흑자사장님들에게는 당신이 가는 길이 옳음을 확인시켜주는 위로와 격려가 되기를 바란다.

또한 일반 독자들에게는 흑자인생으로 가기 위한 삶의 지혜서가 되기를 바란다.

이 책이 나오기까지 격려를 아끼지 않으신 IBK기업은행 윤용로 은행장님과 바쁜 일정 중에도 기꺼이 인터뷰에 응해준 나의 소중한 직장 동료 101명의 지행장님께 깊은 감사를 드린다. 또한 원고정리를 도와준 기은경제연구소 직원들과 대원과학대학 유재성 교수님, 그리고 출판을 맡아준 해피맵북스 김용호 대표님과 편집실 직원들에게도 고마음을 표하고 싶다.

기은경제연구소 소장
조 병 선

목차 | Contents

추천사 4
서문 6
이야기에 들어가기 전 12

첫 번째 특징 대인관계 능력
Interpersonal Relations

1. 고객의 맛과 향에 취하라	16
2. 고객의 변덕을 아름답게 보라	23
3. 좋은 대인관계를 형성하라	32
4. 신뢰하라 그리고 신뢰 받으라	39
• 젊은 기업가의 흑자사장 선언	44
• 사례 1	45

두 번째 특징 한 우물파기
A Rolling Stone Gathers No Moss

1. 시소의 한쪽 끝을 지켜라	50
2. 우물의 숫자보다 중요한 것은 그 넓이와 깊이다	57
3. 마지막 0.1밀리미터를 파라	63
• 젊은 기업가의 흑자사장 선언	70
• 사례 2	71

세 번째 특징 리더십
Leadership

1. 항우의 독선적 리더십은 가라	76
2. 빨주노초파남보 무지개 색깔 리더십	82
3. 새로운 시대의 혁명적 리더십 "섬김"	88
4. 위기관리 능력과 미래예측 능력을 가져라	94
• 젊은 기업가의 흑자사장 선언	100
• 사례 3	101

네 번째 특징 성품
Character

1. 좋은 성품은 긍정의 힘의 원천이다 — 106
2. 성공은 좋은 성품의 향기를 타고 — 111
3. 좋은 성품이 성공하는 습관을 만든다 — 118
- 젊은 기업가의 흑자사장 선언 — 123
- 사례 4 — 124

다섯 번째 특징 장인정신과 기업가정신
Workmanship & Entrepreneurship

1. 기업가에게 기업은 자신의 확장이다 — 128
2. 빌게이츠 따라하기 — 134
3. 1인 기업으로 모험하라 — 140
- 젊은 기업가의 흑자사장 선언 — 146
- 사례 5 — 147

여섯 번째 특징 전략경영 마인드
Business Strategy

1. 경영전략은 전쟁에서 이기는 것이다 — 152
2. 기업의 핵심역량을 파악하라 — 158
3. 새로운 경영전략을 꿈꾸다 — 165
- 젊은 기업가의 흑자사장 선언 — 172
- 사례 6 — 173

일곱 번째 특징 조직관리 역량
Organization Management

1. 긍정적으로 기대하라 — 178
2. 수직과 수평의 조화 — 185
3. 고래를 춤추게 하라! — 191
- 젊은 기업가의 흑자사장 선언 — 197
- 사례 7 — 198

부록
흑자사장과 적자사장의 특징에 대한 기업은행 현직 지행장 101명 답변들 — 200

이야기에 들어가기 전 🏷️

어느 날, 한 젊은 기업가와 저녁식사를 했다.
그의 말은 도전적이고 열정으로 가득차 있었다.
사업에 대한 포부도 컸다.
거친 물살을 헤쳐 오르는 힘찬 연어의 기상을 지니고 있었다.
그가 말할 때마다 쏟아내는 강력한 에너지는 맞은편에 앉은 나에게까지 넘실거렸다.
나는 태평양 한가운데 떠 있는 배 위에 앉아 활기찬 돌고래 떼의 유영을 바라보며 저녁식사를 하고 있다는 듯한 착각에 빠졌다.
기분 좋은 저녁식사였다.
식사가 마무리되어 갈 즈음에 그가 질문 하나를 던졌다.

"어떻게 하면 성공한 기업가가 될 수 있습니까?"

그 질문은 성공한 기업가가 되겠다는 강한 의지의 표현일 수도 있었지만 실패에 대한 두려움이 있음을 반증하는 것이기도 했다.

물론 성공한 기업가와 실패한 기업가의 특징을 알고 싶다는 일반적 물음일 수도 있었다.

조금 더 구체적으로는 금융계통에서 일하는 사람들만이 가질 수 있는 어떤 통찰력에 대한 궁금증일 수도 있었다.

나는 그 젊은 기업가를 돕고 싶었다.

"적자사장과 흑자사장의 저녁식사에 참석해 보십시오.

그곳에 가면 성공한 기업인과 실패한 기업인의 일곱 가지 특징에 관한 이야기를 들을 수 있을 것입니다."

첫 번째 특징

대인관계 능력
Interpersonal Relations

보스턴 대학의 한 연구팀은

7세 어린이 400명을 40년 동안 추적 조사한 결과

성공과 출세에 가장 중요하게 영향을 끼친 요소는

다른 사람과 잘 어울리는 능력

즉, 대인관계 능력이라고 밝혔다.

기업은행 101명의 지행장 역시

적자사장과 흑자사장을 결정하는 일곱 가지 특징 중 하나로

대인관계 능력을 꼽았다.

1

대인관계 능력
Interpersonal relations

1. 고객의 맛과 향에 취하라

젊은 기업가가 저녁식사 장소에 도착했을 때 적자사장과 흑자사장은 이미 식탁에 앉아 있었다.
"적자사장과 흑자사장의 저녁식사에 오신 걸 환영합니다."
적자사장과 흑자사장이 동시에 일어나 반갑게 악수를 청했다.
그 저녁식사는 적자에서 흑자로의 전환을 꿈꾸는 기업가

들을 위해 주1회 정기적으로 열리는 디너 워크숍임을 눈치 챌 수 있었다.

은은한 샹들리에 불빛과 도시 전체의 야경이 바라다 보이는 커다란 유리창이 젊은 기업가의 마음을 편안하게 만들어주었다.

간단하게 서로를 소개했다.

검은색 양복을 단정하게 차려입은 사람이 흑자사장이었고, 화려한 붉은색 양복을 입은 사람이 적자사장이었다.

애피타이저로 훈제연어와 함께 와인 한 병이 나왔다.

흑자사장이 젊은 기업가에게 와인을 한잔 권하며 말했다.

"와인은 포도 산지의 기후와 토양, 강수량, 일조시간에 따라 그 맛과 향이 모두 다르지요. 그 숙성 방법과 기간에 따라서도 차이가 납니다. 재미있는 것은 똑같은 산지의 포도를 똑같은 방법으로 똑같은 기간 동안 숙성시킨 와인이라 하더라도 그 와인 잔을 쥐고 있는 사람의 체온에 따라서 그 맛과 향이 달라진다는 것입니다."

젊은 기업가가 조금 위축된 목소리로 말했다.

"저는 와인에 대해서는 잘 모릅니다."

흑자사장은 부드러운 미소를 지으며 말했다.

"와인에 대해 알고 모르는 것은 그다지 중요하지 않습니다. 중요한 것은 그것들의 맛과 향이 모두 다르다는 것이지요."

"좀 더 쉽게 설명해 주시겠습니까?"

흑자사장은 와인의 맛과 향이 포도의 산지환경과 숙성방법에 따라 모두 차이가 나듯이 사람 또한 그 성장환경과 처한 상황에 따라 성격과 태도가 달라질 수 있다는 것을 인식하는 것이 중요하다고 설명했다.

더구나 똑같은 사람이라도 수많은 요인에 의해 시시각각 달라질 수 있다는 사실을 기억해야 한다고 덧붙였다.

"자, 당신의 고객 가운데 한 명을 떠올려 보세요."

흑자사장은 자신이 말하는 고객이란 물건을 구입하러 오는 일반소비자뿐 아니라 거래처, 은행, 관공서, 경쟁기업 사람들을 포함하는 외부고객과 기업 구성원인 임직원 등 내부고객까지 포괄적으로 지칭하는 개념임을 기억해 달라고 강조하며 계속 말을 이었다.

"그 고객에 대한 당신의 감정은 어떻습니까? 때로는 다정하고 때로는 분노하고 때로는 감사하고 때로는 친절하고 때로는 미워하고 때로는 마음을 열고 때로는 입을 다물게 되죠. 나를 고객과 연결하는 선은 하나가 아닙니다. 수천수만 개의 복잡한 선들로 연결되어 있습니다. 더구나 그 선은 같은 것이 하나도 없죠."

젊은 기업가는 고개를 끄덕이며 흑자사장의 말을 이어받았다.

"좋은 맛과 향이 나는 고객과의 대인관계는 '고객과 나는 다르다'는 것을 인식하는 것에서 출발한다는 말씀이군요."

흑자사장이 만족한 얼굴로 포도주를 한 잔 더 따르며 말했다.

"당신은 현명한 귀를 가졌군요.

재미있는 예로 혈액형이 A형인 사람은 주위 사람들과의 인간관계에서 안정을 바라고 상대에 대해 세심히 신경을 쓰죠. 조심성이 많고 자주 얼굴을 대하는 사람 중에 불편한 사람이 있으면 견디지 못합니다.

B형인 사람은 마음의 문을 빨리 열고 사람을 가리지 않지만 형식적인 인간관계는 딱 질색합니다. 내 사람이다 싶은

사람에게는 한없이 다정하나 아니다 싶은 사람들에게는 함부로 굴죠.

O형은 신뢰를 중시하고 알지 못하는 사람에 대해서는 경계심을 품지만 겉으로 나타내지는 않습니다. 자기편을 아주 아끼는 타입이죠.

AB형은 지나치게 가까운 관계를 좋아하지 않아 일정한 거리를 두고 싶어합니다. 따라서 내 사람 이외에는 다 거기서 거기의 일정한 거리를 유지하려 하죠. 실수를 하지 않으려고 애쓰는 편입니다."

"고객이 나와 다르다는 것을 알아가는 일은 매우 흥미롭네요."

젊은 기업가의 목소리는 신세계를 향해 막 닻을 올린 개척자처럼 흥분되어 있었다.

"당신 고객의 독특한 맛과 향을 찾으려고 노력해 보세요. 그리고 그 맛과 향을 음미하고 해석해 보세요. 때로는 깊이 있는 연구가 필요할 때도 있죠. 기억할 것은 고객의 독특한 맛과 향을 해석하고 연구하는 것은 단순한 과정일 뿐, 최종 단계는 그 맛과 향을 즐길 수 있어야 한다는 것입니다. 내가 진정으로 고객의 맛과 향에 취해 그와의 관계를 즐거워할 때 비로소 향기나는 고객과의 대인관계가 이루어질 수 있습니다."

이때 적자사장이 대화에 끼어들었다.
"좋은 지적입니다."
젊은 기업가와 흑자사장은 적자사장에게로 시선을 돌렸다.
"고객이 나와 다르다는 것을 인식해야 한다는 사실은 내게도 아주 흥미롭게 들립니다. 하지만 그것은 너무 피곤하고 번거로운 방법이에요. 고객의 취향은 매우 까다롭고 수시로 변하기 때문에 이것을 만족시킨다는 것은 쉬운 일이 아니랍니다. 차라리 나의 기준을 정해놓고 고객이 그것에 맞추도록 하는 것이 훨씬 편하죠. 저는 고객의 그 다양하고 복잡한 요구에 귀를 기울일 만큼 한가하지 않아요."
적자사장은 생각만으로도 머리가 복잡해지는 듯 눈살을 찌푸렸다.
흑자사장은 프로크루스테스의 침대에 관한 이야기를 들려주었다.

 프로크루스테스는 아테네 교외의 케피소스 강가에 살았다.

그의 집에는 쇠로 만든 침대가 하나 있었다.

그는 지나가는 나그네를 집에 초대한다고 데려와 침대에 눕히고는 침대 길이보다 짧으면 다리를 잡아 늘여 죽였다.

그리고 침대보다 길면 잘라서 죽였다.

하지만 그는 결국 아테네의 영웅 테세우스에게 자신이 저지르던 악행과 똑같은 방법으로 목이 잘려 죽임을 당했다.

흑자사장의 이야기에 귀를 기울이던 젊은 기업가가 말을 이었다.

"그렇다면 적자사장님이 말한 자신만의 기준은 프로크루스테스의 침대가 될 위험성이 있다는 말씀이군요."

마침 밖에는 봄비가 내리고 있었다.

빗줄기가 창에 부딪히며 수많은 물방울을 만들어냈다.

물방울들의 모양과 크기는 모두 달랐지만 조명에 반사되

어 황홀하게 빛났다.

젊은 기업가는 창에 매달린 물방울들의 축제를 보며 생각에 잠겼다.

> 고객이 나와 다르다는 것을 이해하고 받아들이는 것은 고객의 거친 말투와 도저히 이해할 수 없는 취향, 그리고 해괴한 행동, 더 나아가 고객이 갖고 있는 다양한 욕망과 고도의 이기심까지도 그대로 인정하는 것이다.
> 그리고 마침내는 고객의 그 독특한 맛과 향을 즐거워하는 것이다.

젊은 기업가는 자신의 몸에서 수천수만의 빛나는 선들이 사방을 향해 뻗어나가는 듯한 느낌을 받았다.

2. 고객의 변덕을 아름답게 보라

"고객이 나와 다르다는 것을 인식하고 받아들이라는 말

은 마치 초와 분 단위로 변하는 고객의 모든 변덕을 받아들이며 살아야 한다는 말처럼 들리는군. 그런 의미라면 차라리 지옥에서 사는 편이 더 낫겠어."

적자사장이 신경질적으로 말했다.

젊은 기업가는 흑자사장의 반응이 궁금했다.

얼른 흑자사장의 얼굴을 쳐다보았다.

"기업가에게 고객의 변덕만큼 아름다운 것이 또 있을까요?"

젊은 기업가는 흑자사장이 농담을 던지는 것이라고 생각했다.

"저의 경험상 아름다운 여자일수록 변덕스러웠던 것 같아요. 그렇다면 변덕스러울수록 더 아름답다는 가설도 세울 수 있겠군요. 결국 이것을 검증하려면 저는 앞으로도 계속 아름다운 여자를 더 많이 만나야 된다는 결론이 나오네요. 변덕이 아름다운 이유가 바로 거기에 있었군요."

흑자사장과 적자사장이 환하게 웃었다.

그 덕분에 식사 분위기도 다소 부드러워졌다.

젊은 기업가는 자신의 유머 실력에 만족한 듯 의기양양한 표정을 지었다.

흑자사장이 두 사람을 번갈아보며 말했다.

"변덕스러운 고객과 사는 곳이 지옥이 아니라 변덕스럽지 않은 고객과 사는 곳이 지옥일거라는 생각을 해본 적은 없나요?"

젊은 기업가와 적자사장은 아무 대답도 하지 않았다.

흑자사장은 마이다스의 손에 관한 이야기를 들려주었다.

주신(酒神) 디오니소스를 길러주었다는 실레노스가 길을 잃었을 때 그를 후하게 대해 준 사람이 바로 마이다스 왕이었다.

디오니소스는 그에게 무슨 소망이든 한 가지만 말하면 들어주겠다고 했다.

이에 대해 마이다스 왕은 자기의 손이 닿는 모든 것을 황금으로 변하게 해달라고 청했다.

그러자 그 소망이 이루어져 그의 손이 닿는 모든 것은 황금으로 변했다.

마이다스 왕은 하루아침에 큰 부자가 되었다.
하지만 문제가 생겼다.
먹는 음식까지도 손이 닿으면 황금으로 변해 아무 것도 먹을 수 없게 된 것이었다.
더구나 그는 자신에게 다가오는 사랑하는 딸을 안는 바람에 공주마저 황금으로 변하게 하는 실수를 저지르고 말았다.

흑자사장은 이야기 끝에 다음과 같은 설명을 덧붙였다.
"황금은 변하지 않는 물질의 대명사로 여겨집니다. 하지만 때때로 마이더스의 경우처럼 변하지 않는 것은 돌이킬 수 없는 불행을 낳기도 하죠."
"그렇다고 그것이 곧 변덕이 아름다운 이유가 될 수는 없을 것 같은데요?"
젊은 기업가는 아직도 흑자사장이 말한 변덕의 미덕을 이해하지 못했다며 좀더 자세한 설명을 요구했다.
"당신이 회사의 연구진들과 함께 밤을 새워가며 참신한 아이디어로 신상품을 개발하는 이유가 어디에 있나요?"

"새로운 매출을 통해 이익을 창출하고, 이를 통해 기업을 키워가려는 일반적이고 보편적인 이유 때문입니다."

"좋습니다. 하지만 고객들이 기존의 상품만을 구매하고 새로운 상품을 전혀 구매하려 들지 않는다면 어떨까요?"

"그런 끔찍한 상상은 하기도 싫습니다. 기업가에게 그보다 더 참혹한 지옥은 없겠죠."

흑자사장은 고객의 변덕이 아름다운 이유에 대해 설명했다.

> 기업은 고객이 변덕스럽다는 가정 하에 새로운 상품을 출시한다.
> 그리고 그 기업은 고객이 경쟁기업의 기존 상품을 버리고 자신의 기업이 만든 신상품을 선택하는 아름다운 변덕을 기대한다.
> 결국 기업에게 변덕은 아름다운 것이다.

이때 적자사장이 고개를 갸우뚱하며 질문을 던졌다.
"그 말은 제법 그럴듯하게 들리는군. 하지만 나는 그렇게 변덕스러운 고객과는 거래하고 싶지 않아요. 내 마음에 맞는 고객만 골라서 거래를 하지. 나는 몇몇 고객들과 호형호제하면서 지내죠. 물론 그렇게 잘 지내다가도 내 마음에 안 맞으면 거래를 끊으면 그만이고. 어디 고객이 그 사람밖에 없나. 세상은 넓고 고객은 많은걸."

흑자사장이 말을 받았다.

"적자사장님은 고객들이 인간적으로 좋아서 호형호제하며 지내는 건가요?"

"꼭 그렇다고는 할 수 없죠. 나는 사업가입니다. 그 인간적인 관계의 배경에는 당연히 영업적인 이해관계가 깔려있죠. 사업하는 사람들끼리 아무리 호형호제한다고 하더라도 이해관계를 떠나 순수한 인간관계를 맺는 것이 가능할까?"

적자사장은 흑자사장이 자신을 영리에만 밝은 사람으로 몰아가고 있다는 생각을 한듯 공격적인 어투로 물었다.

"물론 그 질문에 대한 대답은 개인적인 차이가 있겠죠. 제가 지적하고 싶은 것은 적자사장님이 고객과 호형호제하면서 지내는 것에도 고객의 변덕에 대한 전제가 깔려 있다는 것입니다. 보다 쉽게 말하면 적자사장님이 몇몇 고객과 호형호제하면서 지내 온 것은 고객의 변덕에 대한 가능성을 낮추기 위한 하나의 영업 전략이었다고 해석할 수 있다는 것이죠."

"그 해석을 부인하고 싶진 않군."

적자사장은 방금 전의 호전적인 눈빛을 거두었다.

흑자사장은 새끼 상어의 미덕에 관한 짧은 이야기를 들려주었다.

배를 타고 며칠씩 먼 바다에 나가 참치를 잡는 원양어선의 고기잡이 방법은 특이하다.

참치를 잡아서 다시 항구로 돌아올 때쯤에는 잡은 참치가 대부분 죽는다.

망망대해에서 뛰어놀던 참치가 답답한 배 안에 갇혀 있으면 기력을 잃기 때문이다.

어부들은 참치를 살려 싱싱한 상태를 유지하기 위해 참치를 잡은 다음 천적인 새끼 상어를 참치와 같은 울타리에 넣어 가져온다.

상어에 잡혀 먹은 참치도 몇 마리 있지만 나머지 참치는 상어에게 먹히지 않기 위해 힘을 다해 도망치다가 건강하게 항구까지 올 수 있다.

젊은 기업가는 이제야 알았다는 듯 고개를 끄덕이며 말했다.
"고객의 변덕에 대한 가능성이 기업에게는 새끼 상어의 역할을 한다는 거군요."
"고객이 변덕스럽지 않았다면 우리는 아직도 돌칼을 들고 호랑이나 사자와 같은 맹수와 싸우고 있을 것입니다."
젊은 기업가는 웃음을 지으며 잠시 생각에 잠겼다.

> 기업을 살리는 것은 고객의 변덕이다.
> 변덕이 아름다운 이유는 그 때문이다.
> 내가 비록 마이다스의 손을 가진 기업가일지라도 고객의 변덕을 인정하지 않는다면 도산하고 말 것이다.
> 기업이 고객의 변덕을 받아들이지 않고 새끼 상어를 죽인다면 결국 그것은 기업 자신을 죽이는 일일 것이다.

젊은 기업가는 변덕 외에도 자신의 기업을 살릴 수 있는 또 다른 새끼 상어를 찾아보고 싶다는 강한 욕망을 느꼈다.

3. 좋은 대인관계를 형성하라

흑자사장이 다시 입을 열었다.
"보스턴 대학에서 7세 어린이 400명을 40년 동안 추적 조사하였는데 성공과 출세에 가장 중요하게 영향을 끼친 요소는 다른 사람과 잘 어울리는 능력, 즉 대인관계 능력인 것으로 밝혀냈습니다."
젊은 기업가는 그제서야 자신도 모르는 사이에 이미 적자사장과 흑자사장의 일곱 가지 특징에 관한 이야기를 나누고 있다는 사실을 깨닫게 되었다.
"적자사장과 흑자사장의 일곱 가지 특징 중 하나가 대인관계 능력이라는 말씀이군요. 결국, 고객의 맛과 향에 취하고, 고객의 변덕까지 아름답게 보라는 말씀도 대인관계의 중요성에 관한 이야기였군요."

흑자사장과 적자사장은 동시에 환한 미소를 지으며 고개를 끄덕였다.

"나는 고슴도치를 좋아합니다. 고슴도치는 고립적이며 숨기를 좋아하죠. 나 또한 자신만의 세계에 머무는 것을 즐기죠. 인생의 성공과 행복을 대인관계에서 찾으려는 것은 바보 같은 짓이죠. 사람들은 친해지면 간섭하려 합니다. 고객도 마찬가지죠. 더구나 단골 고객들의 간섭은 끔찍할 지경이야. 나는 내 사업을 내 마음대로 하고 싶거든. 다른 사람의 간섭을 받는 것은 딱 질색이야!"

적자사장의 말에 젊은 기업가는 공감의 눈빛을 보냈다.

그는 모두가 부러워하는 국내 최고의 대기업에 들어갔었다. 하지만 그 거대 조직 내에서 그가 맛 본 것은 그가 가진 자유로운 사고와 행동에 대한 제약과 간섭이었다.

간섭받기 싫었다.

결국, 그가 탄탄한 직장을 그만두고 사업을 하기로 마음먹은 계기는 '간섭받기 싫다'는 마음 때문이었다.

"저도 다른 사람의 간섭을 받는 것은 싫습니다."

적자사장이 빙긋이 웃었다.

사업을 하면서까지 다른 사람의 간섭을 받는다면 왜 위험하고 힘든 사업을 할 것인가?

"적자사장님은 간섭이라는 단어를 통해 대인관계의 부정적인 면만을 강조하고 있습니다. 일종의 확대의 오류죠. 간섭은 대인관계에서 오는 아주 작은 역기능에 불과합니다. 더구나 간섭은 관심과 애정의 또 다른 얼굴에 불과합니다."

흑자사장은 좋은 대인관계에 관한 이야기를 들려주었다.

컴퓨터, 사무기기 분야에서 초우량글로벌 기업으로 꼽히고 있는 미국 휴렛 패커드Hewlett-Packard, HP 창업자인 데이빗 패커드David Packard는 "좋은 사람을 만나는 것은 신이 주는 축복이다. 그 사람과의 관계를 지속시키지 않으면 축복을 저버리는 것과 같다"고 말하였다.

좋은 대인관계의 중요성을 갈파한 말이다.

대인관계에는 몇 가지 유형이 있다.

첫째, 고슴도치형이다.
대인관계의 부정적인 면만 생각하여 고립적으로 살아간다.

둘째, 거미형이다.
거미처럼 가족 및 주변사람들과의 친밀한 관계를 중요하게 생각하며 끈끈한 네트워크를 구축하는 사람들이다.
하지만 이들은 필요이상으로 폭넓은 대인관계를 형성하는 것에 대해서는 소극적인 생각과 행동을 취한다.

셋째, 꿀벌형이다.
꿀벌처럼 많은 사람들과 폭넓은 인간관계를 형성하며 강한 친화력을 가지고 있어 다른 사람들과 쉽게 친해지는 사람들이다.
꿀벌은 꿀 1킬로그램을 만들기 위해서 총 16만킬로미터를 비행하며 1천만 송이의 꽃을 들락거려야 하기 때문이다. 하지만 꿀벌은 이웃벌집을 습격하여 꿀을 약탈하는 습성도 가지고 있는 만큼 꿀벌형은 다른 사람을 대할 때 계산적이고 실리적인 대인관계를 하지 않도록 조심해야 한다.

넷째, 사슴형이다.
사슴은 집단을 이루며 단체생활을 한다.
사슴은 먹이를 발견하면 울음소리를 내어 무리를 불러 모아 함께 먹는다. 사슴의 우두머리는 권력을 독점하지 않고 먹이와 섹스를 분점한다.
사슴형은 대인관계를 할 때 다른 사람을 먼저 배려하며 호의와 후원을 베푸는 사람들이다.

"대인관계 또한 선택의 문제이군."
젊은 기업가는 무엇인가를 깨달은 듯 혼자 중얼거렸다.
"그렇지 않습니다."
흑자사장이 젊은 기업가의 혼잣말을 가로 막았다.
젊은 기업가는 고개를 갸우뚱했다.
"흑자사장님은 사슴형 대인관계가 정답이라고 말하고 싶

어 그 장황한 이야기를 한 것 아닌가?"

적자사장도 대화에 끼어들었다.

"우리는 늘 사지선다형 객관식 문제에 익숙해 있죠."

흑자사장의 말에 적자사장이 피식 웃었다.

"저는 이 중 어느 것 하나만 중요하다고 말하고 싶지 않습니다. 대인관계의 중요성을 전혀 고려하지 않는 고슴도치를 제외하고 나면, 좋은 대인관계를 위해서는 거미처럼 끈끈해야 하고, 꿀벌처럼 부지런하고 폭넓어야 하며, 사슴처럼 서로를 배려하면서 함께하여야 한다고 생각합니다."

젊은 기업가는 생각에 잠겼다.

'흑자사장이 되기 위해서는 좋은 대인관계 능력을 지녀야 한다.'

젊은 기업가는 그가 기업활동을 하는 동안 실천에 옮기고 싶은 9가지 과제를 생각해냈다.

미국의 존슨Johnson 전 대통령이 자신의 책상에 붙여 두었다는 좌우명이다.

1. 상대방의 이름을 기억하자.
2. 나와 같이 있는 것을 상대방이 편안하게 느낄 수 있도록 온화한 사람이 되자.
3. 상대방의 말에 쉽게 화가 나지 않을 수 있는 푸근한 성격의 사람이 되자.
4. 자신을 너무 자랑하는 사람이 되지 말자. 나는 무엇이든 다 알고 있다는 인상을 주지 말자.
5. 나와 사귀는 것이 상대방에게도 도움과 이익이 될 수 있는 사람이 되자.
6. 성공한 사람에게는 진심으로 축하를, 어려움을 겪는 사람에게는 진심으로 위로의 말을 하자.
7. 상대방에게 정신적으로 힘을 줄 수 있는 사람이 되자.
8. 내가 정말 그런 사람이 될 수 있도록, 나 자신이 먼저 상대방을 진실로 좋아하자.
9. 만약 내가 상대방으로부터 오해를 받게 된다면, 그 오해를 풀기 위해 겸손하면서도 진지한 노력을 계속하자.

4. 신뢰하라 그리고 신뢰 받으라

"자네, 열길 물속은 알아도 한길 사람 속은 모른다는 말 알지? 표면적으로는 다른 사람의 마음을 사로잡는 대인관계를 갖되 진심으로 사람을 믿어서는 안 되네.

깊은 생각에 잠겼던 젊은 기업가는 눈을 떠 적자사장을 바라보았다.

"고객과 거래처, 직원들에게조차 신뢰를 갖지 말라는 말씀인가요?"

"의심하고 또 의심하는 것이 기업가의 기본적인 마음가짐이라네. 주위를 둘러보게. 정말 믿을 수 있는 사람이 얼마나 되겠나?"

흑자사장이 적자사장의 말을 이어받았다. 그리고 한 이야기를 들려주었다.

어느 왕국에 세 명의 공주가 있었다.

언니 둘도 아름다웠지만 막내딸인 프시케의 미모는

외국인들이 그녀를 보기 위해 그 나라를 방문할 정도로 빼어났다.

사람들은 미의 여신 아프로디테에게 돌릴 아름다운 찬사를 모두 프시케에게 보낸다.

화가 난 아프로디테는 자신의 아들이자 사랑의 신인 에로스에게 명령한다.

프시케에게 화살을 쏘아 비천한 신분의 남자와 사랑에 빠지도록 하라는 것이다.

에로스의 화살을 맞은 사람은 흉측한 괴물과도 사랑에 빠질 수밖에 없는 마법을 지니고 있었다.

에로스는 아프로디테의 명령에 따라 잠자고 있는 프시케의 방으로 가 화살을 겨눈다.

순간, 프시케가 눈을 뜬다.

놀란 에로스는 자신에게 화살을 쏘고 그 화살을 맞은 에로스는 프시케와 사랑에 빠지게 된다.

에로스는 프시케를 자신의 성으로 데려가 결혼식을 올리지만 신부에게 신의 형상인 자신의 모습을 보여주지 않는다.

그래도 프시케는 행복했지만 자신을 걱정하고 있을 부모님과 언니들 생각에 시름에 잠긴다.

이를 안 에로스는 두 언니를 자신의 성으로 초청하게 된다.

성에 도착한 언니들은 프시케의 행복한 얼굴과 화려한 보물들을 보고 질투를 느낀다.

언니들은 신랑이 얼굴을 보여주지 않는 것은 분명 흉악한 괴물이기 때문일 것이라고 말한다.

결국 언니들의 꼬임에 넘어간 프시케는 에로스가 잠든 사이에 몰래 등잔을 켜고 신랑의 얼굴을 확인한다.

아름다운 에로스의 모습을 본 프시케는 놀라 등잔의 뜨거운 기름을 에로스의 어깨에 떨어뜨리게 된다.

잠에서 깨어난 에로스는 창을 통해 날아가면서 말한다.

"사랑은 믿음이 없는 곳에는 존재할 수 없다."

"사랑조차도 믿음이 없이는 이루어질 수 없다는 이야기군요."

턱까지 괸 채 이야기에 빠져 있던 젊은 기업가가 몸을 일

으키며 말했다.

"맞습니다. 하지만 기업에게 있어 믿음은 신화처럼 낭만적이지만은 않죠."

흑자사장은 말을 계속 이었다.

"한 나라의 복지와 경쟁력은 그 사회가 지니고 있는 신용 및 신뢰의 수준에 의해 결정된다."

「트러스트Trust」라는 책을 통해 프랜시스 후쿠야마 Francis Fukuyama가 한 말이다.

한 나라뿐 아니라 기업 또한 그 기업이 지니고 있는 신용 및 신뢰의 수준에 의해 경쟁력이 결정된다.

기업현실에 있어서도 신용이 낮은 기업들은 신용이 좋은 기업들보다 높은 대출이자를 지불해야 하므로 경쟁력이 낮을 수밖에 없다.

이제 기업에게 있어 신용과 신뢰는 더 이상 윤리나 도덕의 문제가 아니다.

신화처럼 낭만적이지도 않다.

신용과 신뢰는 기업의 생과 사를 결정짓는 중요한 요소가 되었다.

기업에게 신용은 핵심 관리의 대상이 되었다.

신용관리를 제대로 한 기업은 살고 그렇지 않은 기업은 도산한다.

성공적인 대인관계를 맺고 싶은가?

성공한 기업가가 되고 싶은가?

흑자사장이 되고 싶은가?

신뢰하라.

그리고 신뢰 받으라.

젊은 기업가의 흑자사장 선언!

지금 나는 위대한 갈림길의 출발점에 서 있다.
하나는 흑자사장의 길이고 다른 하나는 적자사장의 길이다.
어디로 갈 것인가?
선택은 나의 몫이다.
출발에 앞서 기억해야 할 것은 흑자사장이 되는 것도 대인관계 능력 때문이고 적자사장이 되는 것도 대인관계 능력 때문이라는 사실이다.
이제 스스로에게 묻는다.

1. 나는 고객의 독특한 맛과 향을 즐거워하는가?
2. 나는 고객의 변덕을 아름답게 보는가?
3. 나는 다른 사람과 잘 어울리는 좋은 대인관계를 형성하고 있는가?

나는 3가지 질문 모두에 "예"라고 선언했다.
흑자사장이 되는 길을 선택했기 때문이다.

사례 1 – 경동제약(주) 류덕희 회장과 한국콜마(주)의 윤동환 사장
신뢰를 중시하는 대인관계 능력

기업경영에 있어서 '만남'은 성장의 핵심 요소이다.

모든 거래는 고객과의 만남에서 비롯되는데, 고객을 잘 이해하고 그들의 다양한 욕구를 효과적으로 충족시켜주는 기업은 성장할 수 있으나 그렇지 못한 기업은 생존하기 어렵다.

건실한 중견제약업체인 경동제약(주)의 류덕희 회장은 대인관계에서 신뢰를 중시하는 경영철학을 실천하고 있다.

창업당시 그는 '1日 1區를 다닌다'라는 마케팅원칙을 세우고 이를 실천하면서 신규 거래처를 확대해 나갔다. 그는 당시 일화를 이렇게 소개한다.

"서울시내 의료원과 약국을 하루 평균 70-80군데씩 다녔어요. 그렇게 며칠 했더니 코피가 터지더라구요. 보름만에 서울시내 의료원과 약국을 모조리 다닐 수 있었습니다."

이렇듯 성실하고 열정적인 영업자세 덕분에 고객들로부터 신뢰를 얻어 당시 신생기업으로서는 생각하기 어려웠던 대학병원이나 대형 종합병원들을 거래처로 확보할 수 있었으며, 지금까지도 좋은 거래관계를 유지하고 있다.

　류회장은 요즘도 후배 사원들에게 "서로 신뢰할 수 있는 돈독한 인간관계를 유지할 때 고객은 증가한다". "노사관계에 있어서도 직원들의 신뢰와 존경을 얻지 못하면 경영자로서의 리더십 발휘가 불가능하다."는 말로 신뢰경영을 전파하고 있다.

　우수 화장품 및 의약품 제조업체인 (주)한국콜마의 윤동환 사장도 관계를 중시하는 기업인이다.
　그는 고객의 소리를 존중하고 이를 제품개발에 적극 반영한다.
　협력기업들과의 유대 강화를 위해 주기적인 모임을 개최하는 등 사외 커뮤니케이션 활성화를 도모한다.
　그리고 사업초기에 도움을 받은 사람에게 늘 고마움을 잊지 않고 지속적인 관계를 유지해 오고 있다.
　이와 함께 매월 월례조회를 통하여 우수사원을 정기적으로 표창하고 주요 경영의사 결정 과정에서 직원들의 의사를 반영하는 등 내부고객에게도 많은 관심을 기울인다.

고객이 나와 다르다는 것을 이해하고 받아들이는 것은

고객의 거친 말투와 도저히 이해할 수 없는 취향,

그리고 해괴한 행동,

더 나아가 고객이 갖고 있는 다양한 욕망과

고도의 이기심까지도 그대로 인정하는 것이다.

그리고 마침내는 고객의 그 독특한 맛과 향을

즐거워하는 것이다.

두 번째 특징

한 우물파기
A Rolling Stone Gathers No Moss

코카콜라의 창업주 로베르토 고이주에타Robert Goizueta 회장은
생전에 경영전문지인 칩이그제큐티브Chief Executive지와의 인터뷰에서
"인간에게 필요한 수분은 하루 평균 64온스인데
코카콜라 판매량은 겨우 1인당 2온스도 안 된다"는
말을 해 화제를 모은 적이 있다.
이 말의 의미는
'기업은 한 우물만 파도 얼마든지 무한한 성장이 가능하다' 라는
의미로 새길 수 있겠다.
기업은행 101명의 지행장은
적자사장과 흑자사장을 결정하는 일곱 가지 특징 중 하나로
'한 우물파기' 를 꼽았다.

2

한 우물파기
A Rolling Stone Gathers No Moss

1. 시소의 한쪽 끝을 지켜라

포도주 잔이 비어갈 즈음, 호텔식당 종업원이 다가왔다.
"어떤 음식으로 준비해 드릴까요?"
행동과 말 하나하나에 잘 훈련된 친절과 상냥함이 배어 나왔다.
"문어요리 어떨까요?"
적자사장은 메뉴판도 보지 않은 채 의기양양한 태도로 말했다.

흑자사장과 젊은 기업가는 서로 얼굴을 한 번 마주보고는 적자사장의 추천 메뉴에 고개를 끄덕였다.

잠시 후 양상추와 해파리, 그리고 삶은 문어가 들어간 샐러드가 나왔다.

"양상추의 아삭거림과 해파리와 문어의 쫄깃함이 새콤한 소스와 어우러져 묘한 맛을 내는군요."

젊은 기업가는 아주 맛있다는 표정을 지으며 엄지손가락까지 치켜들었다.

"이 호텔식당의 주방장은 30년 간 요리의 외길을 걸어 온 최고의 요리사지."

적자사장은 마치 자기가 한 요리가 칭찬이라도 받은 것처럼 즐거워했다.

"평생 한 우물만 판 분이군요."

흑자사장은 시소 위에서 노는 원숭이들의 이야기를 들려주었다.

과일나무 두 그루가 있었다.

그 가운데에는 커다란 시소가 있었는데 그 시소위에는 원숭이들이 있었다.

원숭이는 세 부류였다.

한 무리는 시소 한쪽 끝을 계속 지키고 있었는데, 그 수는 두세 마리에 불과했다.

또 한 무리는 시소가 올라가는 쪽으로 먼저 달려가는 소수의 원숭이들이었다.

그리고 마지막 무리는 앞서 달려가는 원숭이들을 쫓아가는 다수의 원숭이들이었다.

세 부류의 원숭이 모두는 과일을 따먹기 위해 최선을 다했다.

하지만 결과는 달랐다.

우왕좌왕, 이 끝과 저 끝을 쉬지 않고 쫓아 다닌 다수의 원숭이들은 과일을 아주 적게 따먹었거나 못 먹었다.

앞서 뛰어다닌 소수의 원숭이들은 다수의 원숭이들보다 조금 더 따먹었다.

그러나 한쪽 끝에서 자리를 지킨 소수의 원숭이들은 그들보다 훨씬 많은 과일을 따먹었다.

"과일을 많이 먹기 위해서는 제 자리에 가만히 앉아 있으라는 이야기군."

적자사장은 팔짱을 끼며 중얼거렸다.

"한 우물을 파라는 우화입니다."

젊은 기업가는 그들의 대화가 흑자사장이 되기 위한 두 번째 특징으로 자연스럽게 넘어가고 있음을 알 수 있었다.

"가만히 앉아 한쪽 끝만 지키고 있었던 원숭이가 가장 많은 과일을 따먹었다는 이야기에는 절대 동의할 수 없소. 요즘 기업 환경은 이곳저곳을 기웃거리며 밤낮없이 뛰어다녀도 생존하기 힘든데, 가만히 앉아서 시소의 한쪽 끝을 지키고 있으라니. 기업현실을 너무나 모르고 하는 소리지."

적자사장은 얼굴까지 붉혔다.

"시소의 어느 한쪽은 올라가 있을 것입니다. 그리고 그 끝에 있는 원숭이들은 과일을 따먹고 있겠죠. 이때 누구나 느끼는 욕망은 '과일을 따먹는 방향을 향해 질주하고 싶다'는 것입니다. 현재 큰 이익을 내고 있는 사업을 향해 달려가고 싶지 않은 기업가가 어디에 있겠습니까? 하지만 이때 생각해야 하는 것은 모두가 그곳을 향해 달려가는 그 순간, 시소는 내려간다는 진리입니다."

젊은 기업가는 흑자사장의 깊은 통찰력에 감탄하고 있었다.

"한쪽 끝을 지키고 있었던 원숭이는 아무것도 하지 않고 있었던 것이 아니라 과일을 향해 달려가고 싶은 욕망을 절제하고 있었단 말씀이군요."

"이기기를 다투는 자마다 모든 일에 절제한다는 성서의 이야기가 있습니다. 한 우물을 파기 위해서는 절제와 인내가 필요합니다."

젊은 기업가는 자신을 돌아보았다.

그동안 자신은 한 우물만 판다는 것은 20세기 기업들에게나 적용되는 낡은 유물 정도로만 생각해 왔었다.

21세기 기업 환경에서는 물이 나올 가능성 있는 우물은 모조리 파는 것이 성공을 가져다주는 열쇠라고 생각했기 때문이다.

더구나 젊은 기업가인 자신에게 절제니, 인내니 하는 단어는 어울리지 않는다고 생각했었다.

　가능성을 향한 수많은 도전과 패기만이 성공을 가져다 줄 것이라고 생각하고 있었다.

　"한 우물만 파서 성공할 수 있겠습니까?"

　젊은 기업가는 걱정스런 표정으로 물었다.

　"절대 성공할 수 없네."

　젊은 기업가는 적자사장 쪽을 바라보았다.

　"많은 기업들이 유행과 수익성을 좇아 사업을 다각화하고 있지. 다각화를 통해 큰 성공을 거둔 기업들이 부지기수라네."

　적자사장의 말은 일리가 있었다.

　"주목해야 할 것은 그 기업들 또한 한 우물을 파 성공했던 시간들이 반드시 있었다는 것입니다. 처음부터 두 마리의 토끼를 쫓는다면 어느 쪽도 잡지 못할 것입니다. 선택한 한 마리를 먼저 확실히 잡으십시오. 다각화는 그 다음 이야기입니다. 우리의 기업 환경은 제대로 한 우물조차 파지 못한다면 물 한 모금 얻을 수 없는 비정한 경쟁윤리에 직면해 있습니다."

흑자사장은 눈에 힘을 주었다.

"한 우물 파기는 선택의 문제가 아니라 생사의 문제라는 말씀이군요."

흑자사장은 사자 조련사들의 이야기를 들려주었다.

사자를 훈련시키는 조련사들은 4개의 발이 달린 의자를 사용한다.

조련사가 의자를 사자의 얼굴에 갖다 대면 사자는 각각의 발을 향해 모두 으르렁거린다.

하지만 사자는 곧 무력해진다.

여러개의 다리를 향해 신경이 분산되면서 일종의 마취상태에 빠지기 때문이다.

밀림의 왕 사자가 곡예단의 무력한 맹수로 전락하는 순간이다.

그러나 밀림 속에서 사자는 수만 마리의 물소 떼를 향해 돌격하지만 표적은 언제나 단 한 마리다.

사자가 사냥에서 성공하는 이유다.

사냥에 나선 사자가 한 눈 파는 것을 본 적이 있는가?
성공하고 싶다면 목표를 분명히 정하고 사력을 다해
뛰어라.

2. 우물의 숫자보다 중요한 것은 그 넓이와 깊이다

"좋아요. 한 우물만 판다면 좋은 기업은 될 수 있겠지. 하지만 위대한 기업으로 가기에는 부족한 방법이라고 생각하지 않아요?"

조련사 이야기 따위에는 관심이 없다는 듯 턱을 괸 채 시선을 아래로 깔고 손가락으로 테이블 위만 치고 있던 적자 사장이 불쑥 질문을 던졌다.

"짐 콜린스Jim Collins 박사의 좋은 기업을 넘어 위대한 기업으로 가자는 주장을 인용하고 있군요. 물론 저도 그 이야기에 적극 동감합니다. 하지만 잊지 말아야 할 것은 위대한 기업이 되기 위해서는 먼저 좋은 기업이 되어야 한다는 것입니다."

코카콜라의 창업주 로베르토 고이주에타 Roberto Goizueta 회장은 생전에 경영전문지인 칩이그제큐티브지와의 인터뷰에서 "인간에게 필요한 수분은 하루 평균 64온스인데 코카콜라 판매량은 겨우 1인당 2온스도 안 된다"는 말을 해 화제를 모은 적이 있다.

이 말의 의미는 '기업은 한 우물만 파도 얼마든지 성장이 가능하다' 라는 의미로 새길 수 있겠다.

인간에게 필요한 64온스의 수분 전체를 코카콜라로 채우고 싶다는 로베르토 회장의 숨은 야심이 한편으로는 끔찍하게 느껴지기도 하지만 기업가들에게는 시사하는 바가 크다.

우물의 숫자에 집착하지 마라.

우물의 넓이에 관심을 가져라.

대형 항공모함이 뜰 수 있는 거대한 우물을 생각하라.

그리고 또 하나 잊지 말아야 할 것이 있다.

아무리 극심한 가뭄에도 마르지 않는 깊은 우물을 파야 한다는 것이다.

우물의 숫자보다 더 중요한 것은 우물의 넓이와 깊이다.

젊은 기업가는 잠시 눈을 감은 채 자신이 지금까지 생각해 왔던 우물을 머릿속에 그려 보았다.

자신과 직원들의 목마름을 해결할 수 있을 정도의 작은 우물에 불과하였다.

이곳저곳에 우물을 파다 만 흔적이 선명했다.

또 주변의 몇몇 우물은 벌써 물이 말라 바닥이 쩍쩍 갈라져 있었다.

물이 고여 있는 작은 우물 또한 언제 마를지 몰라 매 시간 그 주변을 서성여야 하는 불안한 상황이었다.

젊은 기업가는 당장 우물이 마르지 않는다고 해서 우물 파는 일을 게을리했던 자신의 모습을 반성했다.

멀리 던져두었던 연장을 다시 들기로 했다.

더 크고 깊은 우물을 파기 위해 사력을 다하기로 했다.

"한 우물을 파라는 것이 마치 경주마처럼 좌우를 가린 채 앞만 보고 뛰라는 이야기는 아니겠죠?"

적자사장의 날카로운 목소리에 젊은 기업가는 눈을 떴다.
"물론입니다. 현명한 한 우물파기를 해야 합니다."
흑자사장은 우물파기에 관한 이야기를 계속했다.

국내 한 경제연구소에 따르면 지난 30년간 세계 100대 기업의 생존율은 38퍼센트였다.
미국과 일본의 경우 생존율은 20퍼센트 초반으로 하락한다.
고도성장을 하면서 산업구조가 빠르게 변화한 한국에서는 100대 기업 생존율은 10퍼센트대 중반으로 낮아진다.
90년대 후반 외환위기 이후 글로벌 경쟁이 강화되면서 기업들의 흥망성쇠는 가속화되고 있기 때문이다.
해방이후 한국 1000대 기업 가운데 창립 60주년이 넘은 기업은 50개사에 불과했다.
이들은 1, 2차 오일쇼크에 외환위기라는 고비 속에서도 무너지지 않고 살아남는 데 성공한 기업들이다.

장수 비결을 묻는 질문에 이들 기업은 하나같이 입을 모은다.

한 우물파기를 추구하면서도 변화하는 환경에 적응하기 위해 지속적인 혁신과 변신의 노력을 다했던 것이 생존의 비결이라는 것이다.

한마디로 현명한 한 우물파기를 한 것이다.

경주마처럼 좌우를 가린 채 무작정 앞으로만 달려가는 것을 한 우물파기라고 생각했다면 그것은 큰 오해다.

좌우를 잘 살펴 급변하는 환경에 능동적으로 대처하면서 한곳에 집중하는 현명한 한 우물파기를 해야 한다.

지금의 시대는 우물의 넓이와 깊이뿐 아니라 우물의 디자인까지 따지는 시대가 되었다.

이왕이면 아름다운 우물을 파라.

대형 항공모함이 떠 있는 우물보다 큰 유람선이 떠 있는 우물이 더 멋지지 않은가?

젊은 기업가는 흑자사장이 말하는 우물이란 깊은 산속 옹달샘이 아님을 깨달았다.

그것은 자신의 우물로부터 발원되는 거대한 호수였고 대양이었다.

3. 마지막 0.1밀리미터를 파라

"좌절금지라는 픽토그램Pictogram을 본 적이 있습니까?"
"아니요."
흑자사장의 질문에 적자사장은 고개를 가로 저었다.
"좌절한 채 엎드려 있는 사람 이미지 위로 빨간색의 굵은 선 하나가 사선으로 죽 그어져 있는 그림을 이야기하는 것이라면 인터넷에서 본 적이 있습니다."
"맞습니다. 바로 그 좌절금지 표지판 이야기입니다."
"그 표지판과 한 우물파기가 무슨 상관

이라도 있나요?"

"별 생각 없이 그 픽토그램을 본다면 픽 웃고 지나칠 그림에 불과하지만 나는 한 우물파기의 마지막 관문에 꼭 세워야 할 표지판이라고 생각합니다."

"요즘의 기업 환경은 사막과도 같습니다."

"내가 운영하고 있는 기업이 매년 적자에 허덕이는 이유도 바로 그놈의 척박한 기업 환경 때문이라고. 이 사막에 언제나 흡족한 비가 내리는 우기가 찾아올지?"

적자사장은 탁자를 탕탕 치며 언성을 높이더니 어깨를 으쓱하고는 이내 체념하는 표정을 지었다.

"현명한 기업가라면 신기루 같은 오아시스를 찾아 헤매기보다 자기가 선 자리에서 우물을 팔 것입니다. 그것도 한 우물을 말이죠. 하지만 아무리 파도 물은 나오지 않습니다. 온통 모래뿐이죠. 이때 대부분의 사람들 머릿속에 떠오르는 단어는 좌절입니다."

"저도 그런 경험이 있습니다."

젊은 기업가는 한때 기업 경영을 포기하려 했던 순간을 떠올렸다.

대학 연구동아리 시절부터 개발했던 특허품 하나를 믿고 창업한 회사였다.

하지만 이른 아침부터 밤늦게까지 온종일 거래처를 찾아다녔지만 단 한 건의 계약도 성사시키지 못했다.

방문하는 회사마다 "제품은 탐나지만 가격이 맞지 않습니다"라는 구매담당자들의 반복적인 거절을 듣고 발길을 돌려야 했다.

비좁은 창고에 재고는 쌓여갔다.

경쟁기업들은 연말 보너스다 특별인센티브다 해서 수돗물을 콸콸 쏟아내는데 단 한 푼의 보너스도 지급하지 못하다보니 직원들은 하나 둘씩 떠나갔다.

잦은 대출간청이 귀찮은듯 은행 대출담당자는 만나주려 하지도 않았다.

죽을힘을 다해 파들어 갔지만 물은 나오지 않았다.

매서운 모래 바람이 좁아진 가슴을 휘갈겼다.

결국 생산라인이 멈추었다.

젊은 기업가는 '여기서 이렇게 좌절하는구나'라는 생각에 사로잡혀 더 깊은 절망의 늪으로 빠져들었다.

"좌절을 어떻게 극복했습니까?"

흑자사장과 함께 적자사장도 호기심 가득한 눈으로 젊은 기업가의 입을 주목했다.

"다음날 아침 일찍, 지방에 있는 마지막 거래처를 방문하기로 했습니다."

"어떻게 되었나?"

"운이 좋았습니다. 그 회사는 우리 회사와 같은 제품의 기능을 원하고 있었고 가격협상 또한 원만히 타결되었습니다."

"당신은 마지막 0.1밀리미터를 팠군요."

> 가장 깊은 밤의 마지막 0.1초 후는 새벽이다.
> 긴 터널의 마지막 0.1밀리미터를 지나야 비로소 밖으로 나올 수 있다.
> 당신이 지금 좌절하고 있는 바로 그 지점이 마지막 0.1밀리미터인지도 모를 일이다.
> 마지막 0.1밀리미터를 파라.

 성서에 나오는 유명한 여리고성 함락 이야기다.

이스라엘 백성들은 이집트로 끌려가 400년간 노예 생활을 했다.

이때 등장한 역사적 인물이 바로 모세다.

모세는 이스라엘 백성들을 이끌고 홍해를 건너 광야로 들어간다. 하지만 그는 꿈에도 그리던 가나안 땅을 눈앞에 두고 죽음을 맞는다.

모세는 여호수아를 후계자로 지명한다.

여호수아가 이스라엘 백성들과 함께 가나안 땅에 들어갔을 때 그들을 기다리고 있는 것은 난공불락의 여리고성이었다.

여리고성을 함락시켜야 가나안 땅을 차지할 수 있었다.

그러나 이스라엘 군대의 힘으로는 전혀 불가능한 일이었다.

이때 하나님은 여리고성을 함락시킬 수 있는 방법을 알려준다.

하루 한 번씩 여리고성을 돌고 마지막 날에는 일곱

번을 돈 후 함성을 지르라는 것이다.

이스라엘 백성들이 하루를 돌았지만 여리고성은 멀쩡했다.

하루, 이틀, 사흘, 나흘, 닷새, 엿새, 하지만 여리고성은 금 하나 가지 않았다.

벽돌 한 장 돌 하나 빠지지 않았다.

마지막 일곱째 날, 이스라엘 백성들은 그날도 말없이 여리고성을 돌았다.

한 바퀴, 두 바퀴, 세 바퀴, 네 바퀴, 다섯 바퀴, 여섯 바퀴, 그리고 마지막 일곱 바퀴째를 돌고 있었지만 여리고성은 여전히 난공불락의 튼튼한 성이었다.

하지만 대열의 가장 마지막에 선 그 한 사람이 마지막 한 걸음을 내딛고 함성을 지르는 순간 여리고 성은 무너져 함락되고 만다.

당신이 그 길로 가기로 결정했다면 마지막 그 한 걸음을 내딛어야 한다.

마지막 0.1밀리미터를 파는 사람에게 난공불락의 성은 없다.

젊은 기업가는 손자병법의 21계에 기록된 금선탈각(金蟬脫殼)이라는 글을 떠올렸다.

이는 금빛매미는 허물을 벗어야 만들어진다는 뜻이다.

매미가 성충으로 살아 있는 기간은 일 주일, 길어봤자 한 달이다.

그 기간을 위하여 매미는 짧게는 6년에서 길게는 17년이라는 기간을 애벌레로 지낸다.

가장 길어야 한 달, 그 짧은 생애를 지상에서 보내기 위하여 긴 세월을 애벌레로 지내는 매미의 인내와 인고를 생각했다.

기업의 생존비결은 마지막 0.1밀리미터를 파는 인내에 있었다.

젊은 기업가는 자신의 책상과 회사 곳곳에 좌절금지 픽토그램을 붙이기로 다짐했다.

젊은 기업가의 흑자사장 선언!

지금 나는 위대한 갈림길의 출발점에 서 있다.
하나는 흑자사장의 길이고 다른 하나는 적자사장의 길이다.
어디로 갈 것인가? 선택은 나의 몫이다.
출발에 앞서 기억해야 할 것은 흑자사장이 되는 것도 한 우물파기 때문이고 적자사장이 되는 것도 한 우물파기 때문이라는 사실이다.

이제 스스로에게 묻는다.

1. 나는 시소의 한쪽 끝을 지키고 있는가?
2. 나는 우물의 숫자보다 그 넓이와 깊이를 중요하게 생각하는가?
3. 나는 마지막 0.1밀리미터를 팠는가?

나는 3가지 질문 모두에 "예"라고 선언했다.
흑자사장이 되는 길을 선택했기 때문이다.

사례 2 – (주)명화금속 임정환 회장
잘 할 수 있는 분야에서 한 우물을 판다

1961년에 설립된 (주)명화금속은 나사업계 최강자의 위치를 오랫동안 지켜오고 있는 강소기업이다. 동사의 창업자 임정환 회장은 지난 50 여 년 동안 오직 나사만을 생각하며 살아온 한 우물파기 경영의 표본이라고 할 수 있다.

이러한 그에게는 '나사공화국 대통령'이라는 애칭이 따라다닌다.
"16세에 첫 직장인 기계공장 종업원으로 사회활동을 시작한 이래 지금까지 오직 나사라는 한 가지에만 몰두했습니다. 자나깨나 어떻게 하면 더 좋은 나사를 만들 수 있을까만 생각했지요."
임회장이 지금까지 개발해 낸 나사종류는 800여 종에 이르고, 보유하고 있는 국내외 특허와 인증만도 200여 건에 달한다.

그는 1973년 각종 전자제품 등에 사용하는 '블라인드 리벳'을 국내 최초로 개발하여 10여 년 동안 해당 시장을 독점하다시피 하였고, 1980년에는 세계 최초로 두께 $12mm$의 철판도 10초안에 뚫어 구조물을 고정시키는 세계 일류상품인 직결나사를 개발하여 세계시장을 석권하고 있다.

실제로 인천공항의 패널 벽체나 상암 월드컵경기장의 지붕 벽체 등이 명화금속에서 개발한 직결나사가 적용된 예이다.

사내 기술연구소를 보유하고 세계 최고의 나사를 만들어내고 있는 동사는 독일, 영국 등에 제품을 수출하고 있는데, "큰 물고기를 잡으려면 큰 물로 나가야 한다"는 생각을 갖고 있는 그는 2004년 중국의 단둥시에 현지법인을 설립하는 등 나사공화국의 세계화에도 적극 앞장서고 있다.

나사 하나로 세계일류의 글로벌 강소기업을 일구어온 임 회장은 그동안 노력의 산물인 기술경쟁력을 바탕으로 지금의 불황기가 오히려 새로운 성장을 위한 기회일 수 있다는 강한 자신감을 갖고 있다.

가장 깊은 밤의 마지막 0.1초 후는 새벽이다.

긴 터널의 마지막 0.1밀리미터를 지나야

비로소 밖으로 나올 수 있다.

당신이 지금 좌절하고 있는 바로 그 지점이 마지막 0.1밀

리미터인지도 모를 일이다.

마지막 0.1밀리미터를 파라

세 번째 특징

리더십
Leadership

헤르만 헤세Herman Hesse의 「동방으로의 여행」, 이 소설은 여러 사람이 여행을 하는데 그들의 허드렛일을 돕는 레오Leo라는 인물이 주인공이다.

여행 중에 모든 허드렛일을 맡아서 하던 레오가 사라지기 전까지 모든 일은 잘 되어갔지만, 그가 사라지자 일행은 혼돈에 빠지고 흩어져서 결국 여행은 중단된다.

그들은 충직한 심부름꾼이었던 레오 없이는 여행을 계속할 수가 없었던 것이다. 그런데 그 일행 중 한 사람은 몇 년을 찾아 헤맨 끝에 레오를 만났고, 여행을 후원한 교단으로 함께 가게 된다.

거기서 그는 그저 심부름꾼으로만 알았던 레오가 그 교단의 책임자인 동시에 정신적 지도자이며 훌륭한 리더라는 것을 알게 된다.

기업은행 101명의 지행장은 적자사장과 흑자사장을 결정하는 일곱 가지 특징 중 하나로 리더십을 꼽았다.

리더십
Leadership

1. 항우의 독선적 리더십은 가라

장어초절임이 나왔다.

서빙하는 종업원은 주방장이 직접 준비한 오늘의 특미라는 설명을 덧붙였다.

"신맛이 훈제 향과 잘 어우러지네요."

젊은 기업가는 마치 요리평론가라도 되는 듯 진지한 얼굴로 맛을 음미했다.

"좀 짜군."

적자사장은 불편한 표정으로 호텔 종업원을 향해 오른손을 높이 들었다.

한 종업원이 잰걸음으로, 그러나 정중하게 다가왔다.

"아가씨 눈에는 물 컵 빈 것 안 보여!"

그녀의 걸음이 채 멈추기도 전에 적자사장이 버럭 소리를 질렀다.

"죄송합니다. 즉시 채워드리겠습니다."

종업원은 끝까지 맑은 미소를 잃지 않고 이내 사라졌다.

"직원들은 그저 소리를 질러야 움직이는 시늉이라도 한다니까?"

"회사 직원들에게도 자주 호통을 치십니까?"

젊은 기업가는 곧장 돌아와 물을 따르는 종업원의 귀에 들릴 듯 말 듯한 작은 목소리로 물었다.

"물론이지. 내 호통소리가 없으면 회사가 돌아가지 않아. 나는 카리스마 넘치는 경영자 스타일을 좋아한다네. 직원들 말은 대부분 불만과 핑계일 뿐, 귀담아 들을 만한 이야기가 별로 없어. 말이 좋아 업무개선이지, 결국은 자기들 편하자고 회사 돈 쓰겠다는 것 아니야? 명심하게. 그 말 다 들어주

다가는 배가 산으로 갈 걸세. 훌륭한 기업가가 되기 위해서는 직원들의 불평과 구구한 변명을 단번에 잠재울 수 있는 독선적 카리스마를 지녀야 해."

적자사장과 젊은 기업가의 대화를 말없이 듣고 있던 흑자사장은 초한지에 나오는 유방과 항우의 이야기를 들려주었다.

본래 카리스마Charisma는 성서에 등장하는 말로 '은혜', '대가없이 주어진 선물'이라는 뜻이다. 요즘은 리더십이나 좌중을 압도할 수 있는 지도력이라는 뜻으로 사용되기도 한다.

초한지(楚漢志)에는 항우와 유방의 두 개의 극단적인 카리스마가 등장한다.

항우는 독선적인 인물이다.

잔인하고, 매정하다.

그는 다른 사람의 의견을 귀담아 듣지 않는다.

그리하여 초한지에 등장하는 인물 중에서 가장 지략

이 뛰어난 모사 범증마저도 그의 곁을 떠난다.

그가 자신의 부하들과 조금만 더 커뮤니케이션이 원활했다면 천하는 틀림없이 항우의 손에 들어왔을 것이다.

반면 유방은 솔직하고, 다른 사람을 감동시키는 법을 알고 있다.

자신을 낮추고 상대방의 의견과 재주를 높이 평가한다.

그는 귀가 얇다는 느낌이 들 정도로 상대방의 말에 귀를 기울인다.

유방은 신하들과 밤낮없이 대화를 나눈다.

항우의 리더십이 20세기 형이라면 유방의 리더십은 21세기 형이다.

그는 자신 혼자만의 힘으로 천하를 차지하려고 하지 않았다.

자신이 가지고 있는 인적 자원을 잘 활용하여 천하를 차지하려고 했다.

임무를 맡기고 진행상황을 체크했다.

신하를 믿고 의지했다.

그리고 그들을 늘 격려했다.

그가 천하를 차지한 이유다.

매우 평범하고 단순한 이유다.

유방은 영웅이라기보다 훌륭한 리더였다.

"흑자사장이 되기 위해서는 유방과 같은 리더십을 갖추어야 한다는 이야기군요."

"맞습니다. 당신은 이야기의 본질을 찾아내는 안목을 가졌군요."

흑자사장은 젊은 기업가를 향해 만족스런 미소를 지었다.

젊은 기업가도 빙긋이 웃었다.

"듣기에 좋은 이야기라고 모두 옳은 것은 아니지. 현실의 기업을 보라고. 대부분의 사장들이 회의를 주재하지만 마지막에는 자기 생각대로 결론을 내리거든. 결국 회의장은 사장을 따르던지 아니면 회사를 나가던지 하라는 선언장과 같은 역할을 할 뿐인걸."

적자사장은 거친 목소리로 항변했다.

"현실의 기업가들은 유방의 리더십을 가장한 항우의 리더십으로 기업을 이끌고 있다는 지적이군요."

"유방의 리더십이 이론에 불과하다면 항우의 리더십은 실제라네."

젊은 기업가의 호응을 얻은 적자사장은 확신에 찬 듯 주먹까지 쥐어 보였다.

2. 빨주노초파남보 무지개 색깔 리더십

"항우의 리더십이냐, 유방의 리더십이냐 하는 문제는 결국 선택의 문제일 뿐이죠. 옳고 그름의 문제는 아니라고 생각합니다."

"한 발 물러서는 거요?"

적자사장의 눈빛은 다분히 호전적이었다.

"그렇습니다."

젊은 기업가는 흑자사장이 유방의 리더십을 보여주려 한

다고 생각했다.

"리더의 형태는 매우 다양합니다."

흑자사장은 리더십을 빨주노초파남보 무지개 색깔의 일곱 유형으로 표현한 이론을 소개했다.

빨간색 리더는 신뢰와 믿음, 따뜻한 마음과 인간에 대한 깊은 애정을 바탕으로 구성원을 위해 헌신하는 섬김의 리더십이다.

주황색은 독창적인 아이디어와 창의력으로 승부하고 확실한 이미지를 굳히는 브랜드 리더십이다.

노란색은 불확실한 미래에 전략적으로 준비하고 대응하며 구성원과 동고동락하는 노심초사형의 사이드 리더십이다.

초록색은 말보다는 강력한 행동을, 그리고 멈추지 않고 전진하며 성장과 발전을 요구하는 파워 리더십이다.

파란색은 풍부한 지식을 활용해 경영하는 박식한 리

더와 구성원들이 기본 역량을 갖추고 셀프리더가 되라고 강조하는 슈퍼 리더십이다.

남색은 강력한 비전을 제시하고 구성원을 끌고 가는 카리스마 리더십이다.

보라색은 주어진 환경에 순응하지 않고 변혁하고 도전하는 변혁적 리더십이다. 🦋

"와우! 빨주노초파남보 어느 것 하나 욕심나지 않는 리더십이 없군요."

젊은 기업가는 다양한 리더십 칼라에 놀란 듯 환호성을 질렀다.

"모두 가지면 좋겠지만 현실적으로 그것은 불가능하다고 봐야죠. 리더십 칼라가 서로 충돌하는 부분도 있고요."

"아무리 생각해도 내게 어울리는 건 카리스마 리더십이야."

적자사장은 장어초절임을 한입 물고는 혼잣말로 중얼거렸다.

"항우식 독선적 카리스마만 아니라면 카리스마 리더십이

꼭 비판받을 대상은 아닙니다."
흑자사장은 칭기즈칸 리더십에 대해 이야기해 주었다.

칭기즈칸은 뉴욕타임즈에서 선정한 세계를 움직인 가장 역사적인 인물 중 첫 번째 자리로 뽑힌 바 있다.

칭기즈칸 리더십의 첫 번째는 위대한 비전이다. 그렇다고 그의 비전이 처음부터 컸던 것은 아니다.

열 일곱살의 어린 소년 테무진이 가진 목표는 흩어진 부족을 되찾고 아버지의 원수를 갚는 것이었다. 그 과정에서 테무진이 깨달은 것은 그의 부족들이 공동의 목표가 있으니 잘 뭉치더라는 단순한 진리다. 그리고 그는 부족들에게 웅대한 야망을 제시할 때 더 큰 힘을 낸다는 사실도 발견했다.

소년 테무진은 그 진리에 따라 한 가지 공동목표가 달성되기가 무섭게 곧 다음의 새로운 공동목표를 만들었다.

결국 그는 흩어진 부족을 되찾고 아버지의 원수를 갚는 것은 물론, 나라를 만들어 중원을 경영하고 나아가 천하를 통일하려고 한 칭기즈칸이 되었다.

칭기즈칸 리더십의 두번째는 철저한 현장주의다. 그는 현지의 원정군 지휘관에게 전권을 주었다. 전권을 받은 칸의 대장군들은 현지의 왕을 임명하고, 인접국가와의 전쟁 여부까지 결정하는 모든 권한을 갖고 있었다. 또한 탁상공론적 전략보다는 전장에 임해 상황을 보아가며 세부적인 사항을 그때그때 결정하는 철저한 현장중심의 전략을 선택했다. 이런 스피드한 의사결정구조가 말을 타고 계속 달리는 속도로 세계를 점령해 나갔다는 칭기즈칸의 전설을 만들어냈다.

칭기즈칸의 리더십의 세번째는 수용성이다. 점령한 적국이라 할지라도 전쟁이 끝난 뒤 제국의 일원으로 충성을 맹세하면 아무런 제한을 가하지 않았다.

점령국의 왕권과 재산은 물론 종교까지 자유롭게 허용했다.

또 하나 혈연에 대한 폭넓은 개방성이다.

칭기즈칸의 아내는 자신의 부락이 공격을 받았을 때 적국에게 납치되었다.

2년 후 아내를 되찾았지만 그의 아내는 적국의 아이를 잉태하고 있었다.

그러나 그는 모든 부족에게 그 사실을 알리고 자신의 아내가 낳은 아이는 자신의 자식임을 선포한다.

결국 적군 장수의 아이는 대몽골족의 장손으로 남아 칭기즈칸의 위업을 이어 받게 된다.

젊은 기업가는 남아 있는 와인 잔을 비우며 잠시 생각에 잠겼다.

'나는 어떤 색깔의 리더십을 갖고 있을까?'
'어떤 색깔의 리더십이 나에게 어울릴까?'
'어떤 색깔의 리더십이 나를 성공으로 이끌 것인가?'
'우리 회사의 조직원들은 어떤 색깔의 리더십을 원하고 있는 걸까?'

꼬리에 꼬리를 물고 일어나는 질문에 쉽게 답할 수 없었다.

3. 새로운 시대의 혁명적 리더십 "섬김"

"미래 지식시대에 필요한 리더십은 무엇일까요?"
젊은 기업가는 이 질문을 통해 자신에게 꼭 필요한 리더십이 무엇인지 알고 싶어 했다.
"피터 드러커Peter F. Drucker가 자신의 저서 「미래경영 Managing for the Future」에서 예견한 상사와 부하의 패러다임 변화에 대해 알고 있습니까?"
"지식시대에는 기업 내에서 상사와 부하의 구분도 없어

지며, 지시와 감독이 더 이상 통하지 않을 것이라고 말한 내용이라면 기억하고 있습니다."

"상사와 부하의 구분이 없고 지시와 감독도 통하지 않는 기업의 존재가 가능하다고 생각하십니까?"

"솔직히 잘 이해가 되지 않습니다. 설명해 줄 수 있겠습니까?"

젊은 기업가는 의자를 앞으로 바싹 끌어당겼다.

"다가오는 지식시대까지 계속 기업이 생존하기 위해서는 새로운 리더십으로의 전환이 필요하다고 생각합니다."

흑자사장은 섬김의 리더십을 소개해 주었다.

섬김의 리더십Servant Leadership을 주창한 사람은 AT&T에서 경영관련교육과 연구를 담당했던 로버트 그린리프Robert K. Greenleaf다.

그는 자신의 책 「Servant Leadership」에서 섬김의 리더십이란 '타인을 위한 봉사에 초점을 두며, 종업원과 고객 그리고 공동체를 우선으로 여기고 그들의 욕구를 만족시키기 위해 헌신하는 리더십'이라 정의했다.

그린리프는 섬김의 리더십에 대한 기본 아이디어를 헤르만 헤세Herman Hesse의 작품인 「동방으로의 여행 Journey to the East」에서 얻었다고 밝혔다.

이 소설은 여러 사람이 여행을 떠나는 이야기로 시작된다.

스토리의 주인공은 여행자들의 허드렛일을 돕는 레오Leo다.

레오가 사라지기 전까지 모든 일은 잘 되어간다.

하지만 그가 사라지자 일행은 혼돈에 빠져 흩어진다. 결국 여행은 중단된다.

그들은 충직한 심부름꾼이었던 레오 없이는 여행을 계속할 수가 없었던 것이다.

사람들은 레오가 없어진 뒤에야 그가 없으면 아무것도 할 수 없다는 사실을 깨닫는다.

모두가 자기의 본래 처소로 돌아갔지만 그 일행 중 한 사람은 몇 년을 찾아 헤맨 끝에 레오를 만난다.

그리고 자신들의 여행을 후원한 교단으로 함께 가게 된다.
거기서 그는 그저 심부름꾼으로만 알았던 레오가 그 교단의 책임자인 동시에 정신적 지도자이며 훌륭한 리더라는 것을 알게 된다.
레오는 섬김의 리더의 전형이라고 볼 수 있다.

"리더가 되려면 허드렛일이나 하라는 이야기군."
적자사장은 다리를 꼬며 빈정거렸다.
"저 또한 섬김으로 리더가 된다는 말은 가히 혁명적으로 들리는 군요."
"이해합니다. 하지만 이제는 보편적 진리로 굳어져 가고 있습니다."
"리더가 부하들보다 우월한 위치에서 부하들을 이끌어야 한다는 기존의 리더십 패러다임에서 리더가 부하들을 위해서 헌신하며 부하들의 리더십 능력을 길러주기 위해 노력하는 섬김의 리더십으로 전환되어야 한다는 말씀을 하고 싶으신 건가요?"

"그렇습니다. 실제 미국의 경우 3M, 인텔, HP 등을 비롯한 많은 기업들이 교육훈련 프로그램에 섬김의 리더십 과정을 포함시키고 있습니다."

"저도 섬김의 리더십을 갖고 싶습니다. 이를 위해 구체적으로 요구되는 항목들을 알려 줄 수 있겠습니까?"

흑자사장은 미국 그린리프 연구센터Greenleaf Center for Servant Leadership의 소장인 스피어즈Spears의 말을 인용해 섬김의 리더가 갖추어야 할 여섯 가지 주요 특성을 제시했다.

- 첫째 / 경청Listening

경청은 부하에 대한 존중과 수용적인 태도로 이해된다. 리더는 적극적이고 능동적인 경청을 해야 부하가 바라는 욕구를 명확히 알 수 있다.

- 둘째 / 공감Empathy

공감이란 차원 높은 이해심이라고 할 수 있는데 리더는 부하의 감정을 이해하고 이를 통해 부하가 필요한 것이 무엇인가를 알아내고 리드해야 한다.

- 셋째 / 치유Healing

치유는 리더가 부하들을 이끌어 가면서 보살펴 주어야 할 문제가 있는가를 살피는 것이다.

- 넷째 / 선한 청지기의 마음Stewardship

리더는 부하들이 자신에게 맡겨진 소중한 자원임을 이해하고 선한 청지기의 자세로 부하들을 관리해야 한다.

- 다섯째 / 부하의 성장을 위한 노력
Commitment to the growth of people

리더는 부하들의 개인적 성장, 정신적 성숙 및 전문분야에서의 발전을 위한 기회와 자원을 제공해야 한다.

- 여섯 번째 / 공동체 형성Building community

리더는 조직구성원들이 서로 존중하며, 봉사하는 진정한 의미의 공동체를 만들어 가야 한다.

젊은 기업가는 와인 잔에 비친 자신의 얼굴을 문득 바라보았다.

'너는 리더다.'
'리더는 섬기는 자다.'
'경청하고 공감하고 치유하고 선한청지기의 마음을 품어 부하의 성장을 위해 노력하라. 그리고 진정한 의미의 공동체를 형성하라.'

리더는 이미 형성된 공동체를 단순히 이끌어가는 사람이 아니었다.
섬김으로, 새로운 공동체를 창조하는 사람이었다.
젊은 기업가는 꿈꾸듯 중얼거렸다.

'섬기는 리더가 진정한 리더다. 함께 수고하여 기업의 멋진 비전을 이루어가고자 애쓰는 근로자들과 고객들을 겸손한 자세로 섬겨가는 리더가 되어야지.'

4. 위기관리 능력과 미래예측 능력을 가져라

"뭐가 하나 빠진 것 같군!"
적자사장은 장어초절임과 함께 나온 야채샐러드를 맛보

더니 포크를 테이블 위에 거칠게 내려놓았다.

"음식에 관한 평가인가요? 아니면 섬김의 리더십에 관한 이야기인가요?"

"둘 다일세."

"네?"

젊은 기업가는 눈을 동그랗게 떴다.

"이 샐러드의 드레싱 맛이 밋밋하듯 섬김의 리더십 또한 내겐 좀 싱겁게 들려."

"소금과 후추를 더 쳐드려야겠군요."

흑자사장이 웃으며 말했다.

금상첨화(錦上添花)라는 말은 비단 위에 꽃을 더한다는 뜻이다.

섬김의 리더십 위에 위기관리능력과 미래예측능력까지 더한다면 이 표현을 써도 부족하지 않을 것이다.

리더는 위기관리능력을 가져야 한다.

1970년대 일반인들 사이에 퍼진 조깅 바람이 나이

키를 스포츠 신발 부문 정상에 오르게 한다.

하지만 1위의 기쁨도 잠시, 1980년에 들어오자마자 리복의 역풍에 부딪힌다.

조깅 대신 에어로빅 붐이 일기 시작하면서 프리스타일의 리복이 단숨에 나이키를 정상의 자리에서 끌어내린 것이다.

나이키는 한때 유행했던 브랜드로 끝날 위기를 맞게 되었다.

이때 빛나는 것이 리더의 위기관리능력이다.

나이키는 스포츠 신발 시장을 세분화하여 조깅화는 조깅 시장에서, 에어로빅화는 에어로빅 시장에서 각자 경쟁하도록 하는 전략으로 위기를 극복했다.

당시 미국 NBA는 코트에서 컬러 농구화를 신는 것을 금지했는데, 나이키는 게임당 1,000달러의 벌금을 지불하면서까지 마이클 조던 선수에게 컬러 농구화를 신겨 나이키 농구화의 독특한 이미지를 광고했다는 유명한 일화 또한 이때 탄생한 것이다.

"위기 상황에는 정해진 규칙까지 깨뜨릴 수 있는 발상의 전환이 필요하다는 이야기군요."

"급류에 휩쓸려 떠내려가고 있는 사람이 평범한 생각을 하진 않죠."

"위기의식이 위기관리능력을 만들어낸다는 뜻이군요."

"벼랑 끝에 매달린 사람에게만 구조의 밧줄이 보이는 겁니다."

"위기에서 벗어나는 것도 중요하지만 그 위기에 빠지지 않도록 미래를 예측하는 것이 더 중요하다는 생각이 드네요."

"훌륭한 지적입니다."

흑자사장은 미래예측에 관한 비밀을 들려주었다.

미래예측 능력이란 미래변화에 대한 위기대응능력 내지는 미지의 세계에 대한 개척능력이라고도 정의할 수 있을 것이다.

그렇다면 어떻게 미래를 예측할 수 있을까?

실리콘 밸리의 예언자로 불리며 20여 년간 정보통신

산업의 방향을 예측해 온, 미국 미래연구센터Institute for the Future의 유명한 미래학자 폴 사포Paul Saffo는 여섯 가지의 미래 예측의 원칙을 말했다.

- **첫째**, S-커브를 파악하라.

변화는 직선이 아니다. 처음에는 완만하게 시작됐다가, 어느 순간 급격히 빨라진 뒤 결국 정체기에 도달하는 S자 형태를 그린다.
미래를 제대로 예측하려면 급격한 변화가 시작되는 시점이 언제인지를 파악해야 한다.

- **둘째**, 사소한 단서들에 주목하라.

때로는 무의미하고 실패한 것 같은 사소한 징후들이 모여 미래예측의 강력한 단서를 제공할 때가 많다.

- **셋째**, 명백한 정보를 믿지 말라.

미래예측에서 흔한 과오가 명백한 정보 하나에 지나치게 의존하는 것이다. 이는 그와 배치되는 작은 정보들을 무시하는 결과를 가져온다. 한두 개의 명백한 정보보다는 흐릿한 정보 여러 개가 훨씬 유용하다.

- **넷째**, 과거를 넓게 돌아보라.

과거는 미래를 내다보는 훌륭한 거울이라는 사실을 누구나 알고 있다. 그러나 가까운 과거는 미래예측에 별 도움이 안 된다.

1년 후를 예측하려면 2년 전을 돌아보아야 한다.

- **다섯째**, 불확실성의 범위를 좁혀라.

무엇을 예측하고 싶은지를 분명히 해야 한다.

미래 인간의 삶이 어떻게 되겠느냐는 폭넓은 질문보다는, 10년 후 인간은 어떻게 여가활동을 할 것인가라는 좁혀진 질문을 던져야 한다.

- **여섯째**, 미래를 예측하지 말아야 할 때도 있음을 알라.

불확실한 변수가 너무 많아 예측이 무의미한 경우도 있다.

베를린 장벽 붕괴와 같은 돌발변수 하에서는 미래예측이 불가능하다.

이럴 때에는 한발 뒤로 물러서서 상황이 정리되고 변수가 줄어들 때까지 기다리는 편이 낫다.

젊은 기업가의 흑자사장 선언!

지금 나는 위대한 갈림길의 출발점에 서 있다.
하나는 흑자사장의 길이고 다른 하나는 적자사장의 길이다.
어디로 갈 것인가?
선택은 나의 몫이다.
출발에 앞서 기억해야 할 것은 흑자사장이 되는 것도 리더십 때문이고 적자사장이 되는 것도 리더십 때문이라는 사실이다.

이제 스스로에게 묻는다.

1. 나는 항우의 독선적 리더십은 버렸는가?
2. 나는 나에게 적합한 칼라의 리더십을 가졌는가?
3. 나는 섬김의 리더십을 가졌는가?

나는 3가지 질문 모두에 "예"라고 선언했다.
흑자사장이 되는 길을 선택했기 때문이다.

사례 3 - (주)홍진 HJC 홍완기 회장
추진력있는 탁월한 리더십

(주)홍진 HJC는 주로 오토바이 헬멧을 제조 판매하는 기업으로 1971년 창업 이후 지금까지 꾸준한 성장을 거듭하여 높은 인지도와 세계시장 점유율 1위를 차지하고 있는 강소기업이다. 이러한 배경에는 무엇보다도 창업자 홍완기 회장의 탁월한 리더십을 들 수 있다.

그는 직원들에게 새로운 가치와 목표를 부단하게 제시하고 이를 앞장서서 달성해 나간다. 1980년 국내시장을 석권한 후 미국시장 진출을 추진하였으나, 바이어들로부터 장난감 수준의 품질이라는 혹독한 평가를 받았다.

홍회장은 이에 절망하지 않고 4년간 혼신을 다한 연구개발 끝에 미국 헬멧규격인증을 획득하고 1984년부터 수출을 시작하게 되었다.

곧이어 그는 자체브랜드로 세계시장에서 승부를 걸어보겠다는 뜻에서 '우리 힘으로 세계 제일을'이라는 기치를 내걸고 품질과 디자인 부문의 혁신을 주도하였다. 모두가 불가능하다며 조직내부에서 조차도 반발이 심했던 플라스틱 헬멧의 SNELL규격 획득을 위해 직원들을 설득하여 추진한 결과

가볍고 튼튼한 신소재개발에 성공하였으며, 이를 계기로 미국시장의 선두자리를 차지할 수 있었다.

그의 또 다른 리더십은 함께 일해 온 직원들에 대한 배려심에서 찾을 수 있다. 동사는 한 때 효율성 제고를 위하여 인력을 정리하지 않으면 안 되는 상황에 직면한 적이 있었다.

홍회장은 고민 끝에 '오랫동안 함께 일해 온 임직원들을 이용가치가 줄었다고 해고하는 토사구팽(兎死狗烹) 방식보다는 상생의 길을 모색하는 것이 좋겠다'는 생각을 하게 되었다. 이때 도입한 것이 바로 동사가 자랑하는 소사장제다.

본사의 공장 앞에 12개의 건물을 짓고 정리대상 직원들을 소사장으로 임명하고 그들 이름으로 사업자등록을 하여 부품을 생산 납품할 수 있도록 한 것이다.

홍회장은 사람을 소중하게 여기는 CEO다. 그는 사원아파트와 기숙사 제공, 직원자녀에 대한 학자금 지급, 어린이집 운영, 매년 전체 인원의 10%가 넘는 직원에 대한 해외시찰 기회 제공 등을 통하여 직원들이 애사심을 갖고 일할 수 있는 환경을 조성하는 면에서도 적절한 리더십을 발휘하고 있다.

젊은 기업가는 꿈꾸듯 중얼거렸다.

섬기는 리더가 진정한 리더다.

함께 수고하여 기업의 멋진 비전을 이루어가고자 애쓰는

근로자들과 고객들을 **겸손한** 자세로

섬겨가는 리더가 되어야지.

네 번째 특징

성품
Character

스티븐 코비|Steven Covey 박사를 비롯한 일단의 컨설턴트 그룹은

미국 독립 기념 200주년을 앞두고 특별한 연구에 들어갔다.

그것은 미국인들이 생각하는 성공이 무엇인지를 연구하는 것이었다.

수년에 걸친 조사와 연구 끝에 그들은 놀라운 결과를 얻었다.

그것은 미국의 건국 이후 초기 150년 동안에는 성공과 관련해

성품윤리|Character Ethics가 강조되었으나,

1차 세계대전 이후 50년 동안에는

성격윤리|Personality Ethics가 강조되었다는 것이다.

코비박사는 본래의 성품윤리로 돌아가야 한다고 확신했다.

성품이 진정한 성공의 열쇠라고 믿었다.

기업은행 101명의 지행장 역시

적자사장과 흑자사장을 결정하는 일곱 가지 특징 중 하나로

성품을 꼽았다.

성품
Character

1. 좋은 성품은 긍정의 힘의 원천이다

민어양념구이가 나왔다.

각종 버섯과 야채가 투명한 소스와 어우러져 민어 몸통 위에 얹혀 있었다.

"민어 요리는 처음입니다."

"속살을 발라 소스에 찍어 먹으면 맛이 일품이지."

적자사장이 먼저 시범을 보이자 젊은 기업가는 그대로 따라했다.

"첫 맛은 달고 두 번째 맛은 매콤하고 세 번째 맛은 담백하네요."

"씹는 맛이 꽉 찬 게살을 발라 먹는 것 같군요."

젊은 기업가의 호평에 흑자사장도 가세했다.

"소스가 너무 흥건하군. 마치 코를 풀어 놓은 것 같지 않아?"

"적자사장님, 제 비위가 좀 약하거든요."

젊은 기업가는 가볍게 토하는 시늉을 했다.

"나는 트집 잡는 걸 즐기지."

"적자사장님의 일에 사사건건 트집을 잡는 사람이 있다면 어떻게 응대하시겠습니까?"

젊은 기업가는 방금 전 일에 복수라도 하려는 듯 짓궂게 물었다.

"더 지독한 트집을 잡아 일격에 쏘아버리지."

"남의 약점은 문제 삼으면서 자신의 약점을 지적하는 사람에게 독설을 퍼붓는다는 것은 모순 아닌가요?"

젊은 기업가는 자신도 모르는 사이 적자사장과 흑자사장의 대화에 깊숙이 들어와 있다는 사실을 깨닫게 되었다.

"모순, 그렇게 말할 수도 있겠군. 어차피 인생은 모순투성이인 걸. 내가 상관할 바 아니야. 자네도 다른 사람 시선 따위는 신경 쓰지 말고 그냥 편하게 살아."

흑자사장이 입을 열었다.

 성서에 나오는 질문이다.

"어찌하여 형제의 눈 속에 있는 티는 보고 네 눈 속에 있는 들보는 깨닫지 못하느냐?"

사람들은 본능적으로 자신을 보는 눈보다는 타인을 보는 눈이 발달되어 있다.

하지만 이 본성을 탓할 일만은 아닌 것 같다.

잘 보면 되기 때문이다.

'라이언 일병 구하기'란 영화가 있다.

라이언 일병을 구하기 위해 특공대가 파견되고, 그 와중에 특공대의 대장인 존 밀러 대위와 대원들 간에 포로 석방을 둘러싸고 갈등이 발생하게 된다.

그런데 냉혹한 전쟁기계 같은 이미지의 밀러 대위가

뜻밖에도 사랑하는 아내에게 빨리 돌아가고 싶은 희망을 간직하고 있는 평범한 시골교사 출신임을 대원들이 알게 되면서 갈등이 해소되기 시작한다.
타인의 본 모습을 보면 많은 문제가 해결된다.
트집만 잡아내려는 가재미눈을 가지고는 다른 사람의 본 모습을 볼 수 없다.
타인의 본 모습을 보는 선한 눈이 필요하다.
좋은 성품이 선한 눈을 만든다.
눈은 세상과 타인을 향해 열린 마음의 창이기 때문이다.

"성공한 기업가가 되려면 좋은 성품을 가지란 말씀이군요."
"맞습니다. 성품은 주변상황을 받아들이는 생각의 틀로 이해될 수 있기 때문이죠."
"좋은 성품이 모든 상황을 긍정적으로 받아들이는 생각의 틀을 만들고 그 긍정의 힘이 성공한 기업가를 만든다는 논리군요."

흑자사장은 젊은 기업가의 추론에 동의한다는 미소를 지으며 말했다.

"좋은 성품은 긍정의 힘의 원천입니다."

"긍정의 힘이 좋은 성품에서 나온다는 발상은 긍정의 힘을 발견한 것만큼이나 위대한 발견이라는 생각이 드는군요."

젊은 기업가는 베스트셀러 작가이자 목사인 조엘 오스틴 Joel Osteen의「긍정의 힘」에 관한 이야기를 기억해 냈다.

- 첫째, 비전을 키워라.

  마음에 품지 않은 복은 절대 현실로 나타나지 않는다.

- 둘째, 건강한 자아상을 일궈라.

  자신을 행복한 승자로 여기는 사람은 인생의 거친 파도를 이겨 낸다.

- 셋째, 생각과 말의 힘을 발견하라.

  말과 생각에는 엄청난 창조의 힘이 있다.

- 넷째, 과거의 망령에서 벗어나라.

  마음의 실타래를 풀지 않으면 행복은 찾아오지 않는다.

- **다섯째**, 역경을 통해 강점을 찾아라.

  우리는 선한 싸움을 싸우면서 점점 더 강해진다.

- **여섯째**, 베푸는 삶의 즐거움을 누려라.

  베푸는 행위는 하나님의 은혜를 저장해 놓는 것이다.

- **일곱째**, 행복을 선택하라.

  눈과 가슴과 얼굴에 열정을 가득 품고 살면 행복은 이미 나의 것이다.

2. 성공은 좋은 성품의 향기를 타고

"좋은 성품을 가진 사람들은 어떤 사람일까요?"

"다른 사람의 성공에 기뻐할 줄 아는 사람이요."

"하기야, 나의 아픔에 함께 울어 줄 사람은 많아도 나의 성공에 진정으로 기뻐할 수 있는 사람은 극소수에 불과하다고 하더군."

적자사장도 성품에 관한 대화에 흥미가 발동한 듯 무심코

한마디 던졌다.

"한결같은 사람은 어때요?"

"매력 있어요."

"마음이 따뜻한 사람은요?"

"가까이 가고 싶죠."

목소리가 한껏 고조된 젊은 기업가가 연이어 말했다.

"좋은 성품을 가진 사람들에게선 아름다운 향기가 나는 것 같아요."

"성공은 그 사람의 향기를 타고 오죠."

"멋진 표현이네요."

젊은 기업가는 생각했다.

'좋은 성품은 성공의 나무를 자라게 하는 옥토구나.'

흑자사장은 "좋은 성품이 토해내는 향기는 바로 긍정적인 말"이라며 이에 관한 이야기를 들려주었다.

미국의 저명한 커뮤니케이션 전문가 레일 라운즈Leil Lowndes의 주장이다.

그는 '사람을 얻는 기술'에서 타인을 내 사람으로 만드는 데 필요한 단어는 4개면 충분하다고 한다.

"좋다."

"똑똑하다."

"멋지다."

"대단하다."

"좋은 성품을 가진 사람이 긍정의 말을 한다는 말씀이군요."

"긍정의 말에는 긍정의 힘이 있죠."

"긍정의 힘은 성공의 열쇠고요."

"좋아요. 똑똑하고 멋지고 대단하군요."

흑자사장의 칭찬에 젊은 기업가의 기분은 한껏 고조되었다.

"좋은 성품이 천부적인 재능보다 중요하다고 굳게 믿어 성공한 사람이 있습니다."

"누구죠?"

"그는 미국의 전설적인 풋볼 감독이었죠."
흑자사장은 보 스켐베클러의 이야기를 들려주었다.

 보 스켐베클러Bo Schembechler.

그는 미시간 대학교 풋볼팀 감독으로 부임한 이후 은퇴하기까지 21년간 234승, 승률 85퍼센트라는 지금까지도 깨지지 않는 경이적인 기록을 달성한 미국의 전설적인 풋볼 감독이다.

하지만 보 감독이 사람들의 존경을 받는 이유는 단순히 그가 보여준 엄청난 기록과 성적 때문이 아니다.

그가 존경받는 이유는 오랜 세월 변함없이 근본적인 가치관을 실천해 온 사람이었기 때문이다.

그 대표적인 가치관의 하나가 '성품이 재능보다 중요하다'는 것이다.

그는 평소 "세상에 뛰어난 능력이나 기술을 지닌 사람들은 얼마든지 있지만, 제아무리 뛰어난 재능을 지닌 사람도 최고의 팀을 이길 수는 없다"고 입버릇처럼 말해왔다.

그의 말을 들어보자.

"재능의 중요성에 대해선 모르는 사람이 없을 테니 굳이 말하지 않겠다. 다만 재능에 눈이 어두우면 다른 것을 놓치기 쉬운데, 그 또한 크나큰 실수다. 성품이 재능보다 중요하기 때문이다.

그것도 훨씬.

우리가 일류 선수 대신 됨됨이가 더 낫다고 여겨지는 선수들을 선발한 경우는 셀 수 없을 만큼 많다. 그리고 그렇게 뽑은 선수들이 강의실에서뿐 아니라 필드에서도 유명 선수들보다 훨씬 나은 플레이를 보여주는 광경도 허다했다. 물론 학교를 졸업한 뒤에도 더 나은 인생을 살았다. 흔적 없이 사라져버린 블루칩들과 달리, 우리 팀의 별 볼일 없던, 그러나 장래가 촉망되는 선수들이 난관을 극복하고 모든 컨퍼런스와 국가대표 팀까지 진출한 경우가 꽤 많았다.

그래서 나는 행실 나쁜 블루칩 선수가 다른 학교에서 펄펄 날고 있어도 그 선수를 데려오지 않은 것을 단 한 번도 후회해본 적이 없다.

어쨌거나 우리가 필요로 하는 선수가 아니었으니까! 성품을 보고 선수를 뽑아야 두 다리 쭉 뻗고 편히 잘 수 있다.

내가 그 감독이란 작자에게 돈을 쥐어주고서라도 기어코 그 선수를 데려와야 했을까?

그랬을지도 모른다. 하지만 그랬다면 그 선수를 볼 때마다 속이 뒤집어졌을 것이다. 누군들 안 그러겠는가.

그렇다면 그 애송이가 과연 우리 팀에 도움이 되었을까? 그걸 어찌 알랴. 몇 년 뒤 NFL National Football League에 진출한 것으로 봐선 제법 실력 있는 선수였던 것 같기는 하다. 하지만 그는 우리 팀의 생리를 무너뜨릴 녀석이었다.

그것이 무너지면 제아무리 스타플레이어라도 팀을 구할 수 없다.(「전설의 리더, 보」중에서)"

3. 좋은 성품이 성공하는 습관을 만든다

"기업가에게 필요한 것은 좋은 성품이 아니야. 탁월한 처세술이지."

적자사장이 오랜만에 입을 열었다.

"그럴 수 있습니다."

흑자사장이 동의했다.

"좋은 성품과 탁월한 처세술도 선택의 문제인가요?"

"두 가치관이 언제나 상반되는 것은 아닙니다. 문제는 둘이 충돌했을 때 어느 것을 택할 것인가의 문제죠."

"쉬운 문제는 아니군요."

젊은 기업가는 고민스러운 듯 손가락으로 머리를 짚었다.

흑자사장은 스티븐 코비의 「성공하는 사람들의 7가지 습관」의 첫 머리에 기록된 서론 부분에 주목했다.

스티븐 코비Steven Covey 박사를 비롯한 일단의 컨설턴트 그룹은 미국 독립 기념 200주년을 앞두고 특별한 연구에 들어갔다.

그것은 미국인들이 생각하는 성공이 무엇인지를 연구하는 것이었다.

그들은 지난 200년 동안 미국인의 성공을 다룬 전 분야의 자료를 광범위하게 수집했다.

수년에 걸친 조사와 연구 끝에 그들은 놀라운 결과를 얻었다.

그것은 미국의 건국 이후 초기 150년 동안에는 성공과 관련해 성품윤리Character Ethics가 강조되었으나, 1차 세계대전 이후 50년 동안에는 성격윤리Personality Ethics가 강조되었다는 것이다.

성품윤리는 기본 원칙에 충실해야 성공한다는 관점이다.

그 원칙은 언행일치, 겸손, 충성, 절제, 용기, 정의, 인내, 근면, 소박, 수수함, 황금률 등과 같은 덕목이다.

반면 성격윤리는 대인관계, 대중적인 이미지, 태도와 행동, 기법과 기술, 연설법, 차림새 등이 성공에 더 크게 작용한다고 보는 관점이다.

코비박사는 미래의 건강한 미국을 위해서는 본래의 성품윤리로 돌아가야 한다고 확신했다. 성품이 진정한 성공의 열쇠라고 믿었다. 「성공하는 사람들의 7가지 습관」이 세상에 출간된 이유다.

"좋은 성품이 성공하는 사람들의 습관조차 만든다는 이야기로 들리는군요."
"훌륭한 해석입니다. 좋은 성품이 좋은 습관을 만들죠."
젊은 기업가는 성공하는 사람들의 7가지 습관 가운데 몇 가지를 떠올렸다.

- **습관1, 주도적이 되어라** Be proactive.

주도성proactivity이란 단순히 솔선해서 사는 것 이상을 의미한다. 이 말의 의미는 스스로의 삶에 대해 책임을 져야 한다는 뜻이다. 우리의 행동은 우리가 하는 의사결정에 의한 것이지, 결코 우리를 둘러싼 여건들에 의해 좌우되는 것이 아니다.

• 습관2. **목표를 확립하고 행동하라** Begin with the end in mind.

인생목표를 확립하고 행동하는 가장 좋은 방법은 자기사명 선언서를 작성하는 것이다. 자기사명 선언서는 인생의 의미와 목적에 대한 자신의 견해를 나타내고 있는 대단히 유용한 문서이다. 사명서는 당신이 의사를 결정하고 행동을 선택하는데 있어서 지침이 되는 개인 헌법의 역할을 해준다.

• 습관3. **소중한 것을 먼저 하라** Put first Things First.

삶을 성공적으로 살려면 중요한 인간관계, 주요 역할, 각종 활동들을 균형있게 유지해야 한다. 우리는 쓸데없는 일들로 인하여 가장 중요한 일들을 미루지 않아야 한다. 중요하지 않은 것들에 대해 "NO"라고 말하고 정말로 중요한 것들을 위해 최선을 다해야 한다.

• 습관4. **상호이익을 모색하라** Think Win-Win.

'나도 이기고, 상대방도 이기는' 승/승의 패러다임은 모든 대인관계에서 서로의 이익을 추구하는 사고방식이다. 모든 사람에게 돌아갈 만큼 모든 것이 넉넉하다고 믿는 데서 출발하며, 제3의 대안이 있다고 믿는 데서 출발한다.

- **습관5, 경청한 다음 이해시켜라** Seek first to understand, then to be understood.

공감적 경청이란 이해하려는 의도를 가지고 경청하는 것을 말한다. 내가 먼저 상대방을 이해하는 것, 즉 진정한 이해를 추구하는 것이다. 공감적 경청은 막강한 힘을 가지고 있다. 왜냐하면 그것은 우리가 필요로 하는 정확한 데이터를 제공하기 때문이다.

젊은 기업가는 스스로 해답을 찾았다.

"기업가에게 필요한 것은 좋은 성품이지 탁월한 처세술이 아니다. 좋은 성품은 성공을 부르는 탁월한 처세술이 될 수 있지만 탁월한 처세술은 성공하는 습관을 만드는 좋은 성품을 담보할 수 없기 때문이다."

젊은 기업가의 흑자사장 선언!

지금 나는 위대한 갈림길의 출발점에 서 있다.
하나는 흑자사장의 길이고 다른 하나는 적자사장의 길이다.
어디로 갈 것인가?
선택은 나의 몫이다.
출발에 앞서 기억해야 할 것은 흑자사장이 되는 것도 성품 때문이고 적자사장이 되는 것도 성품 때문라는 사실이다.

이제 스스로에게 묻는다.

1. 나는 긍정의 힘의 원천인 좋은 성품을 가졌는가?
2. 나는 성공을 부르는 향기로운 성품을 가졌는가?
3. 나는 성공하는 습관을 만드는 좋은 성품을 가졌는가?

나는 3가지 질문 모두에 "예"라고 선언했다.
흑자사장이 되는 길을 선택했기 때문이다.

사례 4 – 한국도자기(주) 김동수 회장

좋은 성품으로 직원을 감동시키는 CEO

한국도자기(주)는 "아름답고 품질 좋은 생활도자기"를 고객에게 제공해 온 국내 시장점유율 1위를 유지하면서 미국, 영국, 프랑스 등 50여 나라에 수출하고 있는 우수기업이다. 건실한 외형성장 못지않게 안정적인 노사관계와 재무구조를 유지하고 있는 동사의 김동수 회장이 가장 중요시하고 있는 경영철학은 인간중심 경영이다.

김회장은 지난날 회사가 어려웠던 시절에도 직원들의 형편에 맞추어 자녀 학자금봉투를 직접 전달하였다. 어느 해 부주의로 모터를 태워 못쓰게 만든 직원에 대해서는 가슴이 아팠지만 해당제품 구입가격에 해당하는 벌금을 물리고 대신 월급날 벌금의 3배가 되는 돈으로 쌀을 구입하여 그 직원의 가정에 전달하였다.

도자기 원료인 흙을 다루는 직원들에게 가장 깨끗한 근무환경을 제공할 목적으로 생산현장과 본사의 화장실은 특급호텔 수준으로 만들었다. 사원의 복지증진을 위해 무료식당, 목욕실, 사원후생복지관, 실내체육관, 사원용아파트, 어린이집 등을 갖추고 있다. 그리고 직원부모 전원을 대상으로 효도비 지급과 온천관광지 호텔숙박권을 제공하는 효도행사도 지속적으로 전개해 오고 있다.

몇해 전 김회장은 장남인 김영신 사장에게 경영권을 이양했는데, 인원감축 조치는 결코 없어야 한다는 조건으로 경영을 승계하였다.

이와 같은 인간중심의 경영은 직원들의 사기진작과 기업의 생산성증대에 크게 기여하고 있는데, 동사에는 10년 이상 장기근속 직원이 20%가 넘고 부부사원, 형제자매 사원도 많다. 생산직근로자로서 최고의 영예에 해당하는 대통령표창을 받은 품질명장이 10명이나 근무하고 있다는 사실도 이 회사의 자랑거리 가운데 하나다.

김회장의 이와 같은 직원에 대한 배려는 내부고객인 직원의 만족도를 높이고 직원만족은 다시 외부고객을 만족시키는 결과로 연결되어 소비자만족 우수기업 대통령상 수상, 여성소비자가 뽑은 최고 명품대상 수상 등 소비자들로부터 최상급의 평가를 받고 있다.

다섯 번째 특징

장인정신과 기업가정신
Workmanship & Entrepreneurship

빌 게이츠는 "전 세계 모든 책상에 개인용 컴퓨터를 놓겠다"는

원대한 목표를 세웠다.

목표 달성의 최대 걸림돌은 PC 회사마다 프로그램이

서로 호환되지 않는 것이었다.

빌 게이츠는 IBM을 기반으로 PC 운영체계를 MS의 윈도우로 통일해 나갔고

결국 PC 운영체계의 세계적 표준을 만들어냈다.

그 덕분에 PC 보급률은 폭발적으로 늘어났다.

현재 세계에 보급된 PC는 10억 대가 넘는다.

빌 게이츠는 자신의 왕국을 설립한 것이다.

그 왕국의 두 기둥은 장인정신과 기업가정신이었다.

기업은행 101명의 지행장은

적자사장과 흑자사장을 결정하는 일곱 가지 특징 중 하나로

장인정신과 기업가정신을 꼽았다.

장인정신과 기업가정신
Work manship & Entrepreneurship

1. 기업가에게 기업은 자신의 확장이다

콩나물과 미나리가 곁들어진 민어찜이 나왔다.
"자전거 탈 줄 아세요?"
흑자사장은 민어찜 맛을 어떻게 표현할까 고민하며 심각하게 맛을 음미하고 있는 젊은 기업가에게 의외의 질문을 던졌다.
"초등학교 3학년 때 아버지께 배웠습니다."
젊은 기업가는 무슨 생각이라도 난 듯 갑자기 팔소매의

단추를 풀더니 옷을 걷어 올렸다.

"이 상처가 그때 넘어져서 난 상처입니다."

"지금도 넘어지나요?"

"이제는 산악자전거를 탈 정도의 실력이 되었습니다."

"자전거 타기 전문가군요?"

소매를 내려 단추를 채우며 젊은 기업가는 빙긋이 웃었다.

흑자사장은 전문가에 관한 이야기를 들려주었다.

시인이자 철학자이며 유명한 강연가로 활동했던 에머슨Emerson의 말처럼 명장도 처음에는 아마추어였다.

자전거 타기를 생각해보자.

처음에는 자전거를 끌고 가는 것조차 힘겹다.

용기를 내어 안장에 올라보지만 넘어지기 일쑤다.

걸어가는 것이 훨씬 빠르다.

하지만 시간이 지날수록 상황은 달라진다.

걸어가는 것보다 빨라진다.

뛰어가는 것보다 빨라진다.

어느 순간, 자전거는 내 발의 일부가 된다.

신체의 확장이 이루어진다.

전문가가 된 것이다.

몇 번을 넘어지면 자전거 타기의 전문가가 될 수 있을까?

전문가는 단 한번도 넘어진 적이 없는 사람이 아니다. 넘어짐과 일어섬의 끝없는 반복을 통해 자신을 끝없이 확장시킨 사람이다.

기업가는 기업경영의 전문가다.

따라서 기업가에게 기업은 자신의 확장으로 받아들여진다.

이러한 의미에서 훌륭한 기업가는 기업을 통해 자신을 끝없이 확장시켜 나가는 사람으로 정의할 수 있다.

"이 이야기는 마치 기업가의 전문성도 단순한 반복 훈련을 통해 만들어질 수 있다는 말로 들리는군."

적자사장은 작살로 고기를 잡으러 나온 어부처럼 민어의

몸통에 강하게 포크를 꽂았다.

"명장을 만드는 것은 단순한 반복을 넘어서는 장인정신이죠."

"훌륭한 기업가를 만드는 것은 기업가정신이겠군요."

"맞습니다."

"그렇다면 기업가정신과 장인정신을 동일한 것으로 이해해도 되는 건가요?"

"다릅니다."

흑자사장의 설명이다.

세계 최고의 접착제를 만드는 것이 장인정신이라면 포스트잇을 제조하는 것이 기업가정신이다. 세계 최고 아이디어 기업으로 불리고 있는 3M 회사는 접착제가 의도만큼 강하지 않게 제조되면서 포스트잇을 만들어냈다.

접착력이 약한 접착제를 버리지 않고 또 다른 쓰임을 찾는 것에 집중하므로 억만 달러짜리 제품을 탄

생시킨 것이다.

이것이 기업가정신이다.

미국의 경제학자 슘페터Joseph Alois Schumpeter는 새로운 생산방법과 새로운 상품개발을 기술혁신으로 규정하고, 기술혁신을 통해 창조적 파괴creative destruction에 앞장서는 혁신자를 기업가로 보았다.

이러한 기업가의 정신이 기업가정신이다.

슘페터는 그 기업가정신을 '자기 왕국을 설립하려는 의지와 꿈'이라고 정의했다.

기업가는 기업을 통해 자신을 확장시키는 사람이라는 정의와 통하는 대목이다.

사람은 누구나 자신의 왕국 건설을 꿈꾼다.

아버지들이 열심히 일하는 이유는 경제적으로 궁핍함이 없는 가정이라는 작은 왕국을 이루기 위해서다. 과학자들은 자신의 연구 영역에서 누구도 흉내낼 수 없는 왕국을 건설하고자 한다.

올림픽에서 마라톤 우승자에게 수여되는 월계관은 그 종목에서 세계적인 왕국을 이룬 선수에게 주어지는 면류관이다.

기업가 또한 더 높고 튼튼한 왕국을 건설하기 위해 무한 경쟁에 뛰어든다.

순간순간 생과 사의 갈림길에 서야 하는 전쟁터다.

자기 기업의 아이템에 관해 전문성을 갖는 것은 칼과 방패를 갖춘 것에 불과하다.

여기에 기업가정신이라는 갑옷과 투구를 갖추어야 한다.

그런 기업가만이 살아남아 자신의 왕국을 설립할 수 있기 때문이다.

젊은 기업가는 창밖을 바라보았다.

세계적 브랜드를 자랑하는 많은 기업들의 간판과 기업 제품을 알리기 위해 설치한 옥상 위 전광판들의 향연이 현란했다.

그것은 마치 로마제국의 번영이 절정기에 다다랐던 시기에 그들의 자랑이자 상징이었던 무수한 깃발들이 꽂혀 있는 것처럼 보였다.

국제경제학회 초대 회장과 하버드 대학교 교수를 역임했던 슘페터Joseph Alois Schumpeter의 말처럼 기업은 또 다른 의미의 왕국이었다.

2. 빌게이츠 따라하기

"전문성과 기업가정신을 함께 갖춘 기업가가 있을까요?"
"좋은 기업을 넘어 위대한 기업으로 가자고 주장한 짐 콜린스Jim Collins 박사의 주장을 들어본 적 있죠?"
"네, 매우 인상 깊게 읽었습니다."
"전문성을 갖춘 기업가는 좋은Good 기업까지는 만들 수 있을 것입니다. 하지만 위대한Great 기업은 훌륭한 기업가정신까지 갖춘 기업가만이 이룩할 수 있다고 생각합니다."

흑자사장은 마이크로소프트MS 창업자 빌 게이츠 회장의 이야기를 들려주었다.

빌 게이츠의 경영을 분석한 작가 로버트 헬러 Robert Heller는 "빌은 천재 기술자라기보다는 천재 사업가로 봐야 한다."고 말했다.

빌 게이츠는 장인정신뿐 아니라 기업가정신까지 갖춘 기업가였음을 단적으로 증명하고 있는 표현이다. 세계 경영사에서 MS와 IBM의 경쟁은 다윗과 골리앗의 싸움으로 비유된다.

1970년 중반에 창업한 작은 소프트웨어회사가 컴퓨터업계의 공룡인 IBM보다 더 큰 기업이 된 것은 기적적인 사건이었다.

신화의 원동력은 빌 게이츠의 전문성과 기업가정신이었다.

빌 게이츠가 발명을 한 것은 아무 것도 없었다.

그저 이미 알려진 지식과 기술을 조합해 사업화했을 뿐이었다.

그런데도 그는 지구촌 전체를 바꿨다.

그가 천재 사업가로 평가 받는 대목이다.

1973년, 빌 게이츠는 1600점 만점의 미국 대학수학

능력시험에서 1590점을 받아 하버드 대학에 입학했다.
그러나 이미 중·고교 시절부터 컴퓨터 신동으로 이름을 날렸던 빌 게이츠에게 변호사가 되기 위한 하버드의 길은 어울리지 않았다.

2년 후, 빌 게이츠는 어릴 적 친구인 폴 앨런과 함께 한 전자 잡지에서 세계 최초의 소형 컴퓨터에 관한 기사를 읽고 흥분했다.
그는 즉시 이 컴퓨터를 만든 MITS에 전화를 걸어 컴퓨터 언어인 베이직을 만들어주겠다고 제안했다.
이것을 계기로 빌 게이츠는 하버드를 뛰쳐나와 MITS가 있던 뉴멕시코 주 앨버커키로 떠났다.
마이크로소프트사가 탄생하는 역사적 대 전환의 사건이었다.
당시만 해도 미국 또한 소프트웨어를 돈 주고 사는 것이란 인식이 없었다.
그러나 빌 게이츠의 생각은 달랐다.

그는 앞으로 컴퓨터 시장은 하드웨어가 아닌 소프트웨어가 장악할 것이란 확신을 가졌다.
이러한 그의 생각은 사업초기 그가 고객들에게 보낸 편지에서 돈을 주고 소프트웨어를 사달라고 호소하는 내용에 그대로 담겨져 있다.

1980년, IBM 관계자들이 빌 게이츠를 찾아와 IBM PC에 사용될 운영체계를 만들어 줄 것을 요구했다.
그러나 그는 운영체계를 갖고 있지 않았다.
그는 IBM과 이야기를 나눈 지 이틀 만에 시애틀 컴퓨터 프로덕트가 갖고 있던 Q-DOS를 5만 달러에 샀다.
그리고 약간 수정한 뒤 이 프로그램에 MS-DOS라는 이름을 붙여 IBM에 8만 달러에 납품했다.
이때 빌 게이츠는 IBM이 이 프로그램을 무기한 사용하는 대신 MS가 다른 회사에도 이 프로그램을 팔 수 있다는 조건을 얻어내는 데 성공했다.

세계 최대 컴퓨터 기업인 IBM에 납품한 프로그램을 마다할 회사는 없었다.
이때부터 빌 게이츠는 "전 세계 모든 책상에 개인용 컴퓨터를 놓겠다."는 원대한 목표를 갖고 이를 공언했다.
하지만 그의 말을 귀담아 듣는 이는 없었다.
목표 달성의 최대 걸림돌은 PC 회사마다 프로그램이 서로 호환되지 않는 것이었다.

빌 게이츠는 IBM을 기반으로 PC 운영체계를 MS의 윈도우로 통일해 나갔고 결국 PC 운영체계의 세계적 표준을 만들어냈다.
그 덕분에 PC 보급률은 폭발적으로 늘어났다.
현재 세계에 보급된 PC는 10억 대가 넘는다.
그의 말이 실현된 것이다.

빌 게이츠는 자신의 왕국을 설립했다.
그 왕국의 두 기둥은 장인정신과 기업가정신이다.

3. 1인 기업으로 모험하라

"이제 막 기업을 시작하는 젊은이에게 빌 게이츠의 사례를 들어 자신만의 왕국을 건설하라고 종용하는 것은 매우 부담스럽게 들리는군요."

적자사장은 포크와 나이프를 든 채 못마땅한 표정을 지으며 말했다.

"저와 같은 평범한 사람에게 한 천재의 성공담은 때때로 상관없는 이야기로 들리곤 하죠."

젊은 기업가는 미안한 듯 멋쩍은 미소를 지었다.

흑자사장은 이제 막 기업으로의 모험을 떠난 사람과 또는 앞으로 항해를 시작하려고 준비하는 예비 기업가들을 위해 기업가정신을 설명해 주었다.

현대 경영학의 아버지로 불리우는 피터 드러커Peter Drucker는 기업가정신을 '위험을 무릅쓰고 포착한 기회를 사업화하려는 모험과 도전의 정신'이라고 정의했다.

그는 이같은 기업가정신과 혁신을 별개로 떼어 놓고 생각할 수 없다고 생각했다.

혁신의 바탕이 기업가정신이라고 이해했기 때문이다.

따라서 드러커는 기업이 기업가정신을 바탕으로 끊임없는 자기혁신을 추구해 나갈 수 있을 때 비로소 한 사회가 '다음 사회'로 진보해 나갈 수 있다고 주장했다.

주목할 만한 것은 드러커가 자신의 저서 「넥스트 소사이어티 Managing in the Next Society」에서 기업가정신이 가장 높은 나라로 한국을 꼽은 바 있다는 것이다.

일제 강점기와 6·25 전쟁으로 산업 기반이 거의 전무하다시피했던 데서 불과 50여년 만에 세계 최고의 기업을 일구어낸 부분을 높이 평가했기 때문이다.

기업가를 꿈꾸는 젊은이들은 선배 기업인들의 모험과 도전정신을 본받아야 한다.

국제적으로 인정받은 한국인의 기업가정신을 계승 발전시켜야 한다.

"요즘 젊은이들은 도전과 모험을 즐기지 않아."

적자사장이 혀를 끌끌 찼다.

"저도 대학 4년 내내 안정된 직장을 찾기에 바빴죠."

"유능한 젊은 과학도들조차 기업과 연구소를 떠나 변호사나 의사가 되기 위한 공부에 몰두하는 오늘날의 현실을 보면 매우 안타깝습니다."

"안정된 것만을 최고의 가치로 숭배하는 이놈의 사회 풍토가 문제야!"

적자사장은 테이블 끝을 주먹으로 쾅 쳤다.

"우리나라 산업화 초기 단계인 60년대 혹은 70년대 많은 사람들이 사업을 새로 시작할 때 또한 경제적, 사회적 여건은 지금보다 훨씬 좋지 않았습니다. 그러나 그때에는 기업가적인 재능을 가진 수많은 젊은이들이 온갖 패기와 도전정신을 바탕으로 창업전선에 적극 뛰어들었습니다. 오늘날의 문제는 이러한 기업가정신의 부재입니다. 기업가정신으로 충만한 수많은 젊은 기업인들이 폭풍처럼 일어났으면 좋겠습니다."

흑자사장은 최근 주목받고 있는 1인 기업에 관한 설명을 들려주었다.

 디지털시대는 개인의 시대이다.
개인이 자신의 브랜드 가치를 높여나가는 작업을 통해 1인 기업을 만들어내는 것이 가능해졌다.
1인 기업을 만들어 자신의 왕국 건설을 꿈꾸어 보라.
하지만 1인 기업을 설립하기 전에 두 가지 질문에 대답해야 한다.

첫째, 모험과 도전정신으로 대변되는 기업가정신을 가졌는가?
위험을 무릅쓰고 포착한 기회를 사업화하려는 모험과 도전의 정신이 없다면 당장 안정된 직장을 알아보기 위해 도서관으로 가는 것이 낫다.

둘째, 장인정신으로 표현되는 자기 분야에서 최고가 되고야 말겠다는 근성과 전문성을 가졌는가?
자신이 가진 전문성은 경제적 가치가 있어야 한다.
이윤 창출과 연결될 수 있는 희소성이 있어야 한다.
누구든 모방하기 어려워야 한다.

다른 것으로 대체할 수 없어야 한다.

두 가지 질문에 자신있게 대답했다면 1인 기업으로 나아가라.

한국인의 기업가정신을 드높여라.

젊은 기업가는 기업으로의 항해를 막 시작할 때의 자신을 떠올렸다.

성공이라는 풍선 안에는 실패의 두려움이 고슴도치처럼 웅크리고 앉아 있었다.

도전과 모험정신은 냉엄한 현실 앞에서 때때로 좌절되곤 했다.

기업 현장은 총성 없는 전쟁터였다.

"사느냐? 죽느냐?"

그것은 햄릿의 절규만이 아니었다.

난관에 부딪힐 때마다 불가능이란 단어가 먼저 떠올랐다.

포기하고픈 순간이 문득문득 찾아왔다.

그때마다 젊은 기업가는 다이어리 수첩의 첫 장을 펼쳐들었다.

거기에는 빌 게이츠의 명언 열두 가지가 꼼꼼하게 정리돼 있었다.

1. 인생은 공평하지 않다는 것을 명심하라.
2. 인생이 항상 원만할 것이라는 환상을 버려라.
3. 대가 없이 얻고자 하지 말라.
4. 성공은 저절로 찾아오지 않는다.
5. 실행하면서 꿈을 실현하라.
6. 자신의 창의성을 적시에 사용하라.
7. 머뭇거리지 말고 목표를 향해 달려가라.
8. 작은 것에서 승부를 낼 줄 알라.
9. 가장 중요한 것은 문제를 해결하는 것이다.
10. 남을 의지하는 생활방식을 버려라.
11. 자신의 힘으로 전진하라.
12. 마지막까지 굳세게 해내라.

젊은 기업가의 흑자사장 선언!

지금 나는 위대한 갈림길의 출발점에 서 있다.
하나는 흑자사장의 길이고 다른 하나는 적자사장의 길이다.
어디로 갈 것인가?
선택은 나의 몫이다.
출발에 앞서 기억해야 할 것은 흑자사장이 되는 것도 장인정신과 기업가정신 때문이고 적자사장이 되는것도 장인정신과 기업가정신 때문라는 사실이다.

이제 스스로에게 묻는다.

1. 나에게 기업은 나 자신의 확장인가?
2. 나는 빌게이츠와 같은 장인정신과 기업가정신을 가졌는가?
3. 나는 위험을 무릅쓰고 모험을 할 준비가 되었는가?

나는 3가지 질문 모두에 "예"라고 선언했다.
흑자사장이 되는 길을 선택했기 때문이다.

사례 5 - 쿠쿠전자(주) 구자신 회장

최고를 추구하는 장인정신과 기업가정신

쿠쿠전자(주)는 전기밥솥 분야의 세계적인 경쟁력을 갖춘 강소기업이다. 동사의 성장은 창업자 구자신 회장의 불굴의 기업가정신과 장인정신이 만들어낸 결과라고 할 수 있다.

구회장은 대기업에 입사한 지 10년 만인 1978년에 현 쿠쿠전자의 전신인 성광전자를 창업, 전기밥솥을 생산하여 대기업에 OEM 방식으로 납품하기 시작했다.

출범 3년째 되던 해에 한 가정의 화재로 인하여 첫 번째 큰 위기가 찾아왔다. 화재원인은 불분명했지만 현장에 있는 전열기구 가운데 동사가 OEM방식으로 납품한 전기밥솥이 화재의 주범으로 꼽혔다. 구회장은 시중에 유통 중인 밥솥 6천 대를 회수하여 공장 마당에 쌓아 놓고 직원들과 함께 이 아픔을 잊지 말고 심기일전하여 최고 수준의 제품을 만드는 회사로 거듭날 것을 다짐하였다.

구회장은 위기를 기회로 활용하고자 맛좋고 안전성이 우수한 전기압력밥솥 개발에 착수하였다. 수년에 걸친 각고의 노력 끝에 전통 가마솥 원리를 활용한 한국형 전기압력밥솥을 개발하고 10중 안전장치를 장착한 신제품 개발에 성공하였다. 오늘날 동사의 전기압력밥솥은 다른 기업이 흉내낼 수 없는 독특한 기술이 내장된 20여 종의 강력한 제품 라인업을 보유하기에 이르렀다.

1997년 외환위기 당시에는 대기업들로부터 주문이 끊기는 등 두 번째 위기를 맞았다. 구회장은 난관에 굴하지 않고 OEM 방식으로 생산해 오던 제품들을 쿠쿠(CUCKOO)라는 독자브랜드로 판매하는 대변신을 시도하였다. 자체브랜드의 효과는 바로 나타나 시판을 시작한지 1년여만에 국내시장 점유율 1위를 차지하게 되었다.

국내시장을 재패한 구회장은 더 넓고 큰 해외시장을 향한 도전을 시작하였다. 일본인의 입맛에 맞는 신제품을 개발, 2002년부터는 전기밥솥의 원조에 해당하는 일본에 수출하여 시장을 성공적으로 넓혀나가고 있으며, 같은 해에 중국에 생산공장을 설립하고 현지시장을 적극적으로 공략해 나가기 시작하였다.

창업 이후 오늘까지 온갖 어려움을 극복하고 세계수준의 일류기업을 일구어 온 구회장의 꿈은 쿠쿠전자를 테팔, 필립스 등과 어깨를 견줄 수 있는 세계적인 가전 전문기업으로 키워가는 것이다.

올림픽에서 마라톤 우승자에게 수여되는 월계관은 그 종목에서 세계적인 왕국을 이룬 선수에게 주어지는 면류관이다. 기업가 또한 더 높고 튼튼한 왕국을 건설하기 위해 무한 경쟁에 뛰어든다.

순간순간 생과 사의 갈림길에 서야 하는 전쟁터다.

자기 기업의 아이템에 관해 전문성을 갖는 것은 칼과 방패를 갖춘 것에 불과하다.

여기에 기업가정신이라는 갑옷과 투구를 갖추어야 한다. 그런 기업가만이 살아남아 자신의 왕국을 설립할 수 있기 때문이다.

여섯 번째 특징

전략경영 마인드
Business Strategy

취향에 따라 렌즈를 바꿀 수 있는 디지털카메라DSLR 시장은

총성 없는 전쟁터다.

최강자는 어디일까?

단연 캐논이다.

그 이유는 초정밀 첨단제품인 이 디지털카메라의

핵심역량 세 가지를 모두 갖춘 기업은 캐논이 유일하기 때문이다.

캐논은 이러한 핵심역량을 구축하는 데 많은 시간과 자본을 투입했다.

그 결과 상당기간 동안 그 과실을 누리고 있고 또 누릴 것이다.

최고의 경영전략은 경쟁기업들이 흉내낼 수 없는

핵심역량을 구축하는 것이다.

기업은행 101명의 지행장은 적자사장과 흑자사장을 결정하는

일곱가지 특징 중 하나로 전략경영 마인드를 꼽았다.

전략경영 마인드
Business Strategy

1. 경영전략은 전쟁에서 이기는 것이다

이제 민어요리는 막바지로 접어들고 있었다.
두부, 콩나물, 버섯, 쑥갓 등이 들어간 민어매운탕이 나왔다.
"개운한 국물 맛이 끝내주네요!"
젊은 기업가는 민어매운탕 CF 모델이라도 되는 양 엄지손가락을 치켜들었다.
"텁텁하거나 자극적이진 않군."
적자사장도 매운탕 맛이 제법 만족스러운 모양이었다.

"매운탕 속에 들어있는 민어 살을 발라 먹는 재미가 쏠쏠하네요."

흑자사장도 유머러스하게 맞장구를 쳤다.

"저는 지금 이 매운탕 국물보다 더 따뜻한 동류의식을 느끼고 있습니다."

젊은 기업가의 얼굴은 조금 흥분된 듯 붉게 상기돼 있었다.

"자네는 너무 낭만적이야. 이 식사가 끝나면 자네와 나는 적이 될 수 있어."

"기업가에게 경쟁은 운명적이란 말씀이군요."

적자사장의 말에 젊은 기업가는 금방 풀이 죽었다.

흑자사장은 프로메테우스의 신화를 들려주었다.

프로메테우스는 크로노스와 마찬가지로 티탄족에 속했다.

그러나 제우스가 자신의 아버지 크로노스와 전쟁을 벌일 때 프로메테우스는 제우스 편에서 싸웠다.

야만스럽고 폭력에만 의존하여 지배하는 아버지 크

로노스에게 실망했기 때문이다.

이 전쟁에서 제우스가 승리할 수 있었던 데에는 바로 이 프로메테우스의 현명한 충고와 지혜의 덕이 컸다.

그러나 제우스 역시 권력을 잡고 난 뒤 무서운 폭군으로 변했다.

권력에 취한 제우스는 단지 성가시다는 이유만으로 인간에게는 날카로운 발톱도, 멀리 바라볼 수 있는 눈도, 예민한 청각도 주지 않은 채 다른 짐승들의 먹이가 되어 멸망하도록 내버려두었다.

그러나 인류를 그 누구보다도 사랑하는 프로메테우스로서는 제우스의 이런 횡포를 가만히 보고만 있을 수 없었다.

그래서 그는 제우스 몰래 천상의 불과 지혜를 훔쳐 인간들에게 전해 주었다.

뿐만 아니라 인간에게 농사짓는 법, 가축 길들이기, 길쌈하는 법, 배 만드는 법과 항해술, 도자기 만드는 법, 글자, 별의 움직임을 보는 법, 달력 등의 모든 유용한 기술을 가르쳐 주었다.

이를 안 제우스는 노발대발하여 프로메테우스를 세상의 동쪽 끝에 있는 코카서스 산정에 쇠사슬로 묶어 놓고는 매일 독수리들을 보내 그의 오장육부를 파먹게 만들었다.

프로메테우스는 죽지않는 불사의 몸이었기에 파먹혀 없어진 오장육부는 밤새 다시 돋아 나왔다.

프로메테우스는 죽음보다도 더 고통스러운 이 형벌을 매일 받으면서도 제우스에게 굴하지 않았다.

프로메테우스와 제우스의 갈등과 경쟁이 없었다면 인류에게 문명은 없었을 것이다.

비록 신화이기는 하지만 인류문명의 태동은 갈등과 경쟁에서 비롯되었다는 것을 지적한 그리스인들의 지혜를 엿볼 수 있다.

현대문명의 중심을 이루고 있는 기업 또한 프로메테우스에게 내려진 숙명처럼 갈등하고 경쟁할 수밖에 없다.

더구나 창조적인 능력은 갈등이 없을 때보다 갈등이 얽혀 있는 상태에서 생겨나고, 비슷한 사람끼리 일할 때보다 용광로처럼 들끓는 경쟁적 분위기에서 훨씬 활발하게 이루어진다고 보는 것이 일반적이다.

매일 오장육부를 뜯어 먹히는 끔찍한 고통과 시련에 정면으로 맞서는 사람만이 진정한 기업가라 할 수 있다.

"기업가에게 경쟁이 피할 수 없는 숙명적인 것이라면 그 경쟁에서 반드시 이겨야 하겠군요."

"경쟁에서 이기는 법을 한마디로 말한다면 전략이라 말할 수 있습니다."

"어느 경제잡지에서 요즘 기업들에게 전술은 넘쳐나는데 진정한 전략은 찾아보기 힘들다는 비판을 읽었는데 잘 이해가 가지 않았습니다."

흑자사장은 경영전략과 경영전술에 관해 설명해주었다.

경영전략이란 경쟁상황에서 어떻게 자기 기업에게 경쟁우위를 가져다 줄 수 있는가를 체계적으로 분석하게 하여 주는 구체적인 사고방법이다.

기업이 경쟁에서 승리하기 위해서는 구체적인 목표의 설정, 경쟁상황에 대한 이해, 자신과 경쟁자의 경영자원에 대한 객관적 평가 그리고 효과적인 전략수행이 필수불가결의 요소이다.

이때 주의할 것은 경영전략과 경영전술의 개념을 구분해야 한다는 것이다.

경영전략이 군사전략에서 기원한 것이라는 점을 염두에 둘 때 전술이 소규모 전투에서 승리하기 위한 작전을 의미한다면 전략은 전투가 아닌 전쟁에서 승리하기 위한 책략으로 이해할 수 있다.

모든 전투에서 승리할 수는 없다.

열 번의 전투에서 패하더라도 한번의 중요한 전투에서 승리함으로써 전쟁에서 승리할 수도 있다.

물론 상상하기도 싫은 그 반대의 경우도 생각할 수 있다.

오늘의 전투에서 이겼다고 자만할 일도 아니다.

패했다고 낙담할 일도 아니다.

최종목표는 전쟁에서 승리하는 것이기 때문이다.

젊은 기업가는 티핑 포인트 리더십Tipping Point Leadership을 떠올렸다.

변화의 시작점인 변곡점에서 급소와 핵심을 찾아내 폭발적 확산을 도모하는 것이 티핑 포인트 리더십이기 때문이다.

젊은 기업가는 마음속으로 다짐했다.

'변곡점에서 벌어진 전투에서는 반드시 승리하여야 한다. 하지만 최고의 경영전략은 전투가 아닌 전쟁에서 이기는 것이다.'

2. 기업의 핵심역량을 파악하라

"날로 치열해지는 기업 간 경쟁에서 이길 수 있는 경영전략 수립의 출발점은 어디입니까?"

젊은 기업가는 양복 주머니를 뒤적이더니 수첩과 볼펜까지 꺼내들었다.

"신문기자와 인터뷰하는 것 같아 긴장이 되는데요."

흑자사장은 정말 긴장이라도 한 듯 유리컵을 들어 물을 한 모금 마셨다.

"긴장 풀고 천천히 말씀해주세요."

젊은 기업가는 기자처럼 다리를 꼬며 상체를 의자 등받이에 기대는 시늉을 했다.

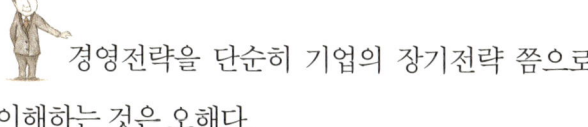

경영전략을 단순히 기업의 장기전략 쯤으로 이해하는 것은 오해다.

전략과 전술의 개념을 시간의 길고 짧음으로만 바라보아서는 안 된다.

이제 기업들에게 경기순환을 정확하게 예측한다는 것은 불가능한 일이 되어버렸다.

세계는 이미 글로벌화되었고 국내외 경제 모두 초와 분을 다투며 변화한다.

잔잔하다고 안심할 일이 아니다.

언제 오일쇼크가, 금융대란이 닥칠지 모른다.

기업들이 중장기전략을 금과옥조로 이해해서는 안 되는 이유다.

경영전략의 수립과 시행이라는 이분법 또한 더 이상 통하지 않는다.

전략의 수립과 시행이 동시에 이루어지고 있다.

심지어 어떠한 경우에는 시행 후 수립이라는 시간의 역전이 발생하기도 한다.

빈틈없는 계획보다는 순간순간 변화에 대처할 수 있는 유연성과 순발력 높은 계획이 더 유용하게 받아들여진다.

하지만 이렇게 변화무쌍한 경영전략에도 흔들리지 않는 기초가 있어야 한다.

그 기초가 바로 기업의 핵심역량이다.

자사의 핵심역량을 바탕으로 하여 가치사슬을 확대해 나갈 때 기업의 지속적인 성장 발전이 가능하다.

"당신 기업의 핵심역량은 무엇입니까?"
흑자사장의 갑작스런 질문에 잠시 무거운 침묵이 흘렀다.
"생각해 본적 없습니다."
젊은 기업가는 볼펜을 수첩에 끼워 테이블 위에 조용히 올려두었다.
"핵심역량의 정확한 의미는 파악이 되나요?"
"설명해 주시면 감사하겠습니다."

 뉴욕 양키스.
미국 야구 메이저리그 30개 팀 가운데 최다 우승 기록을 보유하고 있는 최고 팀이다.
양키스는 줄무늬 유니폼으로 상징된다.
주목할만한 것은 양키스의 유니폼에는 선수의 이름이 빠져 있다는 사실이다.
개인보다 팀을 먼저 생각한다는 뜻인 것 같다.
데이비드 콘이라는 유명선수가 양키스에서 뛰던 시절의 이야기다.

단장이 그에게 어떤 선수를 선발했으면 좋겠느냐고
묻자 콘은 이렇게 대답했다.
"일단 양키스 유니폼을 입히면 누구든 잘할 겁니다."
누구든 입기만 하면 우승을 할 수 있는 양키스의 유니폼.
바로 이것이 유명 야구기업 양키스의 핵심역량이다.

"양키스의 핵심역량은 '양키스'라는 이름이군요."
"그렇습니다. 미국인이라면 초등학생부터 노인에 이르기까지 모르는 사람이 없을 정도의 막강한 브랜드 인지도와 500만 이상의 극렬 팬이 보여주는 절대적인 충성심이 양키스의 핵심역량인 것이죠."
"디지털카메라DSLR 시장의 최강자인 캐논의 경영전략과 같은 맥락으로 볼 수 있겠군요."
"이해가 빠르군요."
흑자사장은 캐논의 브랜드 전략에 대해 설명했다.

취향에 따라 렌즈를 바꿀 수 있는 디지털카메

라DSLR 시장은 총성 없는 전쟁터다.

캐논, 니콘, 소니, 삼성, 파나소닉, 올림푸스, 후지, 펜탁스 등 그 이름만으로도 쟁쟁한 세계 유명 브랜드들이 대거 진출해 있기 때문이다.

최강자는 어디일까?

단연 캐논이다.

그 이유는 초정밀 첨단제품인 이 디지털카메라의 핵심역량 - 광학기술, 정밀공학, 극소전자기술 - 세 가지를 모두 갖춘 기업은 캐논이 유일하기 때문이다.

소니는 정밀공학과 극소전자기술을 갖추고 있지만, 광학기술이 부족하기 때문에 렌즈를 외부에서 사올 수밖에 없다.

니콘은 광학기술과 정밀공학은 갖추었지만 극소전자기술이 없기 때문에 디지털카메라의 핵심부품인 CCDCharge Coupled Devices를 외부에서 사와야만 한다.

결국 세 가지 모두를 갖춘 캐논이 최강자로 군림하는 것은 게임의 법칙상 당연한 일일 것이다.

캐논은 이러한 핵심역량을 구축하는 데 많은 시간과

보이지 않는 재무제표

자본을 투입했다.

그 결과 상당기간 동안 그 과실을 누리고 있고 또 누릴 것이다.

최고의 경영전략은 경쟁기업들이 흉내낼 수 없는 핵심역량을 구축하는 것이다.

3. 새로운 경영전략을 꿈꾸다

"이제 당신 기업의 핵심역량을 말해줄 수 있나요?"
"잘 모르겠습니다."
"경영자가 모른다면 없다는 것으로 받아들여야겠군요."
"왜죠?"

젊은 기업가는 야속하다는 표정으로 흑자사장을 쳐다보았다.

"핵심역량은 인지될 때 의미가 있는 것이죠. 설사 존재하더라도 인식되지 못한 핵심역량은 경영전략의 수립과 실행에 있어 아무런 유익도 제공할 수 없기 때문입니다."

"그럼 우리와 같은 기업은 경영전략조차 세울 수 없다는 의미인가요?"

젊은 기업가는 난감한 얼굴로 질문을 던졌다.

"핵심역량이 없는 기업은 엔진 없는 자동차와 같습니다. 소를 이용해 끈다면 달구지가 되고, 사람이 끈다면 손수레가 되겠죠."

"엔진 없이 움직일 수는 있지만 자동차는 될 수 없다는 뜻이군요."

"핵심역량이 없다면 창조해 보세요."

흑자사장은 핵심역량을 창출하기 위한 새로운 경영전략 세 가지를 소개해 주었다.

첫째, 비경영의 경영체제전략이다.

듀퐁의 화학자였던 빌 고어Bill Gore는 불소수지의 일종인 폴리테트라플루오르에틸렌PTFE이라고 하는 물질의 용도를 연구하던 중 그 물질이 절연 전선 케이블을 만들 수 있다는 사실을 발견했다.

그는 이러한 사실을 경영진에게 보고했지만 아무도 관심을 보이지 않았다.

고어는 회사를 나와 고어사를 설립했다.

그는 PTFE로 다양한 신제품 개발을 위한 실험을 계속해나갔고 고어의 아들 보브는 PTFE를 직물에 적용하여 마침내 공기가 통하는 방수용 직물 고어텍스를 발명했다.

나중에 고어텍스가 캠핑 장비나 우주복, 인조동맥과 공업용 필터 등 거의 모든 곳에 사용되면서 고어사는 초일류기업으로 성장했다.

이런 고어사에 신입사원이 들어오면 재미있는 광경이 연출되곤 한다.

"한 바퀴 돌아보고 당신이 좋아할 만한 일을 찾으시오."

출근 첫날 사장은 이 말만 남기고 사라진다.

만약 그 신입사원이 돌아서는 사장을 향해 "무슨 일을 해야 할지 지시해 주십시오."라고 말한다면 이런 경고를 받을 것이다.

"당신이 무엇을 어떻게 해야 하는지 지시를 받고자 한다면 우리 회사에서 적응하는데 많은 어려움이 따를 것입니다. 당신은 스스로 최고를 지향해야 합니다. 당신의 업무나 자리는 따로 정해져 있지 않습니다. 무엇을 할 것인지는 당신 스스로 파악해야 합니다."

이러한 비경영 경영체제전략 때문에 많은 젊은이들이 고어사에 근무하기를 원한다.

고어사는 직원들을 단순히 피고용인으로 보지 않고 언제인가 최고경영자가 될 수 있는 책임있는 주인으로 보기 때문이다.

둘째, **지식경영전략이다.**

호주 퀸스랜드 대 칼 스베이비Karl Sveiby 교수는 이렇게 말한다.

"예나 지금이나 기업을 재무제표로만 평가하는 것은 우스운 일이다. 그러나 마땅한 대체기법이 없다는 게 문제였다. 그래서 나는 '보이지 않는 재무제표

Invisible Balance Sheet'라는 개념을 개발했다.

어느 회사의 이익을 측정하는 것은 재미있다. 바로 주주에게 '남아돌아가는 것'을 말해주기 때문이다. 모든 회계사가 알고 있는 대로 기업의 이익은 마음대로 변형되어 발표될 수 있다. 연구개발R&D은 때로는 투자로 계산되고 또 경우에 따라서는 비용이 된다. 만약 어떤 회사가 R&D를 줄여서 이익이 높아졌다면 그게 진짜 이익인가 아닌가.

이런 모순을 해결하기 위해서는 기업의 무형자산을 측정하고 관리해야 한다.

무형자산의 대부분은 지식이다. 그래서 지식경영이 중요한 것이다.

지식경영의 논리는 단순하다. 우수한 인력을 유치, 보유하는 일, 고객을 끄는 일 그리고 자사의 역량을 고객의 요구와 맞추는 일 등 이처럼 무형의 자산을 최대한 활용하여 새로운 가치를 창출하는 것이 바로 지식경영이다."

셋째, 엔터테인먼트 경영전략이다.

미국 컨설팅 회사 맥킨지&컴퍼니의 Mckenzie & Company 미디어·엔터테인먼트부문 대표인 마이클 J.울프 Mickael J.Wolff는 '21세기 경제는 엔터테인먼트 경제'라고 정의한 바 있다.

기업이 경쟁력을 갖추기 위해서는 경영전반에 있어 엔터테인먼트 개념을 도입해야 한다는 주장으로 재미있는 기업이 이윤창출에 있어서도 재미를 본다는 뜻이다.

재미는 가볍고 부드러운 것으로 대변된다.

오락적인 추구를 하라.

무겁고 심각한 것으로는 절대 소비자들의 눈길을 사로잡을 수 없다.

재미있는 경영전략을 수립하여 신나게 실행해야 한다.

고객을 웃게 만드는 기업이 살아 남는다.

기업 내부에서도 모든 구성원들이 신나게 일할 수 있는 즐거운 일터를 만들어가는 것도 매우 중요하다. 내부고객인 직원들이 만족할 때 외부고객을 만족시키는 것이 가능하기 때문이다.

젊은 기업가는 얼굴에 한껏 미소를 머금고 친절하게 손님을 안내하는 호텔 종업원을 유심히 바라보았다.

'사람이 핵심역량이다. 「마이크로소프트의 비밀Microsoft Secrets」의 저자들이 밝혀낸 MS의 비밀 또한 기술과 비즈니스 모두를 잘 아는 똑똑한 사람Smart People의 발굴이 아니었던가?
우수한 제품보다 우수한 사람을 생산하는 경영전략을 수립하여 실행해야 한다.'

젊은 기업가의 흑자사장 선언!

지금 나는 위대한 갈림길의 출발점에 서 있다.
하나는 흑자사장의 길이고 다른 하나는 적자사장의 길이다.
어디로 갈 것인가?
선택은 나의 몫이다.
출발에 앞서 기억해야 할 것은 흑자사장이 되는 것도 경영전략 때문이고 적자사장이 되는 것도 경영전략 때문이라는 사실이다.

이제 스스로에게 묻는다.

1. 나는 전쟁에서 이길 경영전략을 가졌는가?
2. 나는 기업의 핵심역량을 파악하고 있는가?
3. 나는 늘 새로운 경영전략을 꿈꾸고 있는가?

나는 3가지 질문 모두에 "예"라고 선언했다.
흑자사장이 되는 길을 선택했기 때문이다.

사례 6 – 한미반도체(주) 곽노권 회장
미래를 준비하는 전략경영 마인드

한미반도체(주)는 반도체 조립장비 분야의 원천기술을 보유하면서 18개국 140여 개 기업에 매출액의 60% 이상을 수출하고 있는 해외에서 더 잘 알려진 강소기업이다.

동사가 반도체 후공정 제조장비 분야의 세계 5대 기업 가운데 하나로 성장하게 된 배경에는, 한국 반도체산업의 맏형으로 불리는 곽노권 회장의 '핵심역량에 집중하면서 미래를 준비하는 전략경영'이 큰 몫을 담당했다.
"계획과 전략을 통한 기업가치 창출"과 "We are professionals"는 곽회장의 경영철학이 담긴 경영 슬로건이다.

곽회장은 미래를 준비하는 혁신문화가 정착될 수 있도록 조직을 독려하고 있다. 전체 직원의 30%에 달하는 R&D 인력이 그 선봉에 있다.
2000년경 반도체업계의 불황으로 사내 분위기가 위축되어 있을 무렵, 곽회장은 불황 다음에는 반드시 호황이 온다는 믿음으로 R&D 분야에 투자를 대폭 확대하였는데, 이에 전 직원들이 장래에 대한 희망을 갖고 신제품·신기술개발에 집중하게 되었다. 그 결과 동사는 2년도 안되어 밝은 햇살을 맞이하면서 재도약의 기회를 잡을 수 있었다.

  곽회장의 통찰력은 해외시장 개척을 위한 마케팅부문에서도 빛을 발하고 있다. 해외의 각종 전시회 및 프로모션에 적극 참가하기 위해 3톤이나 되는 무거운 장비를 비행기에 싣고 다니면서 자사제품의 우수성을 알리고 시장을 개척해 왔다.
  이와 같은 적극적인 마케팅 노력의 결과 인피니언, 필립스, TI, ASE 등 세계 메이저 반도체생산 140여 개 업체를 주요 고객으로 확보하는 성과를 거두었다.

  곽회장의 고객만족을 위한 경영의지 또한 지대하다. 그는 자사의 장비를 구매하는 고객사는 경쟁사제품을 쓰는 회사보다 반드시 더 많은 이익이 나야 한다는 신념으로 고객이 원하는 제품을 맞춤식으로 개발하여 적기에 공급하고 있으며, 불량률 제로의 고품질 제품을 만들기 위한 노력을 전개하고 있다.

모든 전투에서 승리할 수는 없다.

열 번의 전투에서 패하더라도 한 번의 중요한 전투에서 승리함으로 전쟁에서 승리할 수도 있다.

물론 상상하기도 싫은 그 반대의 경우도 생각할 수 있다.

오늘의 전투에서 이겼다고 자만할 일도 아니다.

패했다고 낙담할 일도 아니다.

최종목표는 전쟁에서 승리하는 것이기 때문이다.

일곱 번째 특징

조직관리 역량
Organization Management

그물은 수평과 수직의 만남으로 짜여져 있다.

수평은 옆으로 달리다 수직을 만나 튼튼한 매듭을 이루고

수직은 위로 달리다 수평을 만나

끊어지지 않는 매듭을 만든다.

그물에서 수직은 피라미드에서처럼

위로 갈수록 좁아만 가는 막다른 골목이 아니다.

수평을 만나 또 다른 수직으로 일어서기 위한 확장이요 성장이다.

최고의 조직관리는 수평과 수직을 조화시키는 것이다.

기업은행 101명의 지행장은

적자사장과 흑자사장을 결정하는 일곱 가지 특징 중 하나로

조직관리를 꼽았다.

7

조직관리 역량
Organization Management

1. 긍정적으로 기대하라

후식으로 따뜻한 차가 나왔다.
찻잔 속에는 거무튀튀한 알갱이 3개가 들어있었다.
"무슨 차죠?"
젊은 기업가는 못마땅한 표정으로 찻잔 속을 이리저리 살폈다.
"조금만 더 기다려 보세요."
흑자사장은 커다란 비밀이라도 알고 있는 사람처럼 입가

에 묘한 웃음을 띠었다.

"와!"

젊은 기업가는 자기도 모르게 탄성을 질렀다.

찻잔 속에서는 국화 세 송이가 막 꽃망울을 터뜨리고 있었다.

"국화차입니다."

"그것도 신비의 명약으로 알려져 달여 마시면 무병장수한다는 금국이군요."

"맞아요. 조직관리도 마치 이 국화차와 같다는 생각이 들어요."

흑자사장은 감성적 조직관리에 대해 설명했다.

 건조된 금국(金菊)은 보잘것없는 갈색 알갱이에 불과하다.

하지만 그 속에는 황금빛의 꽃잎이 숨겨져 있다.

물론 그 안에는 진한 국화향도 갈무리되어 있다.

조직원들은 갈무리된 국화다.

경영자는 조직원들이 한껏 꽃피우고 향기를 발할 수 있는 따뜻한 물만 제공하면 된다.

휴렛패커드Hewlett-Packard의 전 경영자 칼리 피오리나 Cara Carleton Sneed Florina는 "최고경영자는 직원을 관리하는 사람이 아니라 활력을 불어넣는 사람"이라고 정의했다.

사우스웨스트 항공의 전 회장인 허브 켈러허Herb Kelleher 또한 "직원에게 근심거리가 생겼을 때에는 즉각 도와주라"며 감성적 조직관리를 강조했다.

냉철한 머리가 아닌 따뜻한 가슴으로 조직원들을 관리해야 하는 시대가 왔다.

"착한 감성만으로 이 치열한 전쟁에서 살아남을 수 있다고 믿는 바보가 있을까?"

적자사장은 다음과 같은 4가지 이유에서 조직원들을 위협적으로 빈틈없이 관리해야 한다고 주장했다.

첫째, 원래 종업원들은 일하기 싫어하며 가능하면 일하는 것을 피하려고 한다.

둘째, 종업원들은 일하는 것을 싫어함으로 바람직한 목표를 달성하기 위해서는 통제되고 위협되어야 한다.

셋째, 종업원들은 책임을 회피하고 가능하면 공식적인 지시를 바란다.

넷째, 대부분의 종업원들은 작업과 관련된 모든 요소에 대하여 안전을 추구하며, 야심이 거의 없다.

"맥그리거Douglas McGregor의 X이론의 가정을 인용하고 있군요."

"그렇습니다. 나는 종업원들의 속성을 알기에 절대 스스로 잘 할 것이라 믿지 않습니다. 믿는 도끼에 발등찍힐 일 없잖아요? 철저한 통제와 적절한 위협만이 믿을 수 있는 최고의 조직관리 수단이죠."

"그렇다면 Y이론으로 접근해 보죠."

흑자사장은 Y이론의 4가지 가정을 소개했다.

첫째, 종업원들은 일하는 것을 놀이나 휴식과 동일한 것으로 볼 수 있다.

둘째, 종업원들은 조직의 목표에 관여하는 경우에 자기지향과 자기통제를 행한다.

셋째, 보통 인간들은 책임을 수용하고 심지어는 구하는 것을 배울 수 있다.

넷째, 훌륭한 의사결정의 능력은 모든 사람들이 가지고 있으며, 경영자들만의 영역은 아니다.

"조직원들의 본성을 긍정적으로 보는 관점이군요."
"경제전문지 포브스가 선정한 세계에서 가장 영향력있는 유명인사 100위에 지난해에 이어 올해 2년 연속으로 1위를 차지한 오프라 윈프리Oprah Gall Winfrey는 성공의 비결을 묻는 질문에 긍정의 힘이라고 단언했다고 합니다. 긍정적인 생각 때문에 미국 사회에서 흑인 빈민 여성으로 태어나 문제아로 낙인이 찍혔지만 전 세계 1억 명 이상의 시청자를 둔 토크쇼의 여왕으로 등극할 수 있었다는 이야기죠."

흑자사장은 Y이론과 맥락을 같이하는 피그말리온효과와

로젠탈효과에 대해 설명했다.

피그말리온효과Pygmallion effect는 그리스신화에 나오는 조각가 피그말리온Pygmallion의 이름에서 유래한 심리학 용어이다.

조각가였던 피그말리온은 아름다운 여인상을 조각하고, 그 여인상을 진심으로 사랑하게 된다.

아프로디테는 그의 사랑에 감동하여 여인상에게 생명을 주었다.

이처럼 피그말리온효과는 타인의 기대나 관심으로 인하여 능률이 오르거나 결과가 좋아지는 현상을 말한다.

다시 말해 사람은 누구나 기대에 부응하는 쪽으로 변하려고 노력하여 그렇게 된다는 것을 의미한다.

이와 관련한 내용을 교육적으로 증명한 것을 로젠탈효과Rosenthal Effect라고 한다.

하버드대 로버트 로젠탈Robert Rosenthal 교수는 미국

샌프란시스코의 한 초등학교에서 전교생을 대상으로 지능검사를 한 후 검사 결과와 상관없이 무작위로 한 반에서 20퍼센트 정도의 학생을 뽑았다.

그리고 그 학생들의 명단을 교사에게 주면서 '지적 능력이나 학업성취의 향상 가능성이 높은 학생들'이라고 믿게 하였다.

8개월 후 지능검사를 다시 실시하였는데, 명단에 속한 학생들은 다른 학생들보다 평균 점수가 높게 나왔다는 획기적인 결과를 얻게 되었다.

더구나 그 20퍼센트 그룹의 학생들은 학교 성적도 크게 향상되어 있었다.

명단에 오른 학생들에 대한 교사의 기대가 중요한 요인이었다.

결국 로젠탈은 교사가 학생에게 거는 기대가 실제로 학생의 성적 향상에 효과를 미친다는 것을 입증한 것이다.

높은 성과를 내는 조직관리 방법을 찾는가?

기대하라.

때로는 그들이 실패했을 때 조차도 무시하지 말고 기대하라.
조직원들은 당신이 원하는 것 이상의 높은 성과를 낼 것이다.

2. 수직과 수평의 조화

"풀리지 않는 의문이 있어요."
젊은 기업가는 미간을 찌푸리며 눈썹에 힘을 주었다.
"무엇에 대한 의문이죠?"
"일반적으로 수평조직이 수직적 구조보다 미래지향적인 조직관리 형태로 받아들여지고 있음에도 불구하고 왜 대다수의 기업들은 아직까지도 수직적 조직관리시스템을 고수하고 있는 것일까요?"
"자네, 그 일반적이라는 용어 속에 포함된 사람 가운데 나는 빼주게. 나는 위계질서도 없는 수평적 조직을 더 진보됐다고 판단하는 오류에 동참할 생각이 전혀 없다네. 인류역사는 원시적 무질서 대신 문명의 질서를 찾으려는 끊임없는 투쟁의 연속으로 바라보아야 하지 않겠나."

젊은 기업가와 적자사장의 논쟁을 듣고 있던 흑자사장이 입을 열었다.

지구는 우리가 둥근 지구본에서 보는 것처럼 위선과 경선의 결합체다.
위선은 수평선이고 경선은 수직선이다.
계절과 날씨에 관계된 것이 위선이라면 경선은 시간과 관련이 있다.
옷을 만드는 데 사용되는 천도 마찬가지다.
수많은 씨줄과 날줄의 만남 속에서 직조되어진다.
이처럼 신은 수평과 수직이 조화를 이루도록 세상을 만들어 놓았다.
기업이라는 조직 또한 다르지 않다.
수평과 수직이 잘 어우러질 때 건실하고 위대한 기

업으로 나아갈 수 있다.

커다란 그물이 있다고 가정해 보자.

그물은 수평과 수직의 만남으로 짜여져 있다.

수평은 옆으로 달리다 수직을 만나 튼튼한 매듭을 이루고 수직은 위로 달리다 수평을 만나 끊어지지 않는 매듭을 만든다.

그물에서 수직은 피라미드에서처럼 위로 갈수록 좁아만 가는 막다른 골목이 아니다.

수평을 만나 또 다른 수직으로 일어서기 위한 확장이요 성장이다.

최고의 조직관리는 수평과 수직을 조화시키는 것이다.

"기업에서도 수평조직과 수직적 조직을 동시에 운용하는 것이 가능할까요?"

흑자사장은 하이퍼텍스트Hypertext형 조직구조에 대해 설명했다.

지식경영 시대에 어울리는 기업의 조직구조는 관료제형 Bureaucracy 수직적 조직일까, 아니면 태스크포스형 Taskforce 수평적 조직일까?

일본 히도쓰바시대 노나카 이쿠지로 교수는 "둘 중 어느 하나도 지식경영을 위해 적당하지 않다."고 단언한다.

그는 하이퍼텍스트형 조직을 구축해야 한다고 주장한다.

하이퍼텍스트는 쉽게 말해 두 구조의 통합모델이다. 노나카 교수는 하이퍼텍스트형 조직은 상호 연결되어 있는 프로젝트팀, 사업단위 비즈니스시스템, 지식베이스 3개 층으로 이뤄진다고 본다.

가장 위쪽에는 프로젝트팀이 있고, 사업단위는 가운데 부분에 위치하며, 제일 아래쪽에는 지식베이스가 자리 잡고 있다.

프로젝트팀은 각 사업단위에서 선발된 인원으로 구성되며 새로운 프로젝트가 끝날 때까지 팀에 전속된다. 지식베이스는 여기에서 창출된 지식을 재구성,

축적, 교환하며 양자 모두 태스크포스형 수평적 조직으로 운영된다.

사업단위는 통상적인 업무를 진행하는 곳으로 피라미드식 관료제가 기본이다.

결국 하이퍼텍스트형 조직구조는 관료제의 안정성과 태스크포스형의 기동성을 결합한 새로운 조직구조로 이해할 수 있다.

"전혀 다른 3개의 조직관리시스템이 동일한 조직 내에 공존하고 있다는 말씀이군요. 실제 이러한 하이퍼텍스트형 조직을 갖춘 기업이 있을까요?"

"노나카 교수는 일본의 샤프Sharp사를 꼽고 있습니다."

샤프의 직원은 사업단위나 프로젝트팀 어느 한쪽에만 소속된다.

물론 하부구조로서 지식베이스를 갖고 있다.

주목할 만한 것은 프로젝트팀에 소속된 팀원들이 착

용하는 '금배지'다.

금배지를 단 팀원들은 기존 조직에서 완전히 이탈해 사장실 직속으로 일한다.

더구나 팀원들은 프로젝트 기간 중에는 임원과 동일한 정도의 권한을 갖는다.

회사의 시설을 이용하거나 자재를 조달할 때 우선권을 갖는 것은 물론 예산사용에도 제한이 없다.

팀 리더는 필요한 인원이 있는 경우 언제든지 아무 부서에서나 팀원을 뽑아올 수 있다.

이러한 금배지 제도가 "모방을 하지 말라. 다른 사람이 모방할 수 있는 것을 만들어라."라는 샤프의 슬로건을 현실화시키고 있는 것이다.

3. 고래를 춤추게 하라!

"조직관리의 기본은 적절한 상과 벌이라고 생각합니다."

"나는 당근의 숫자는 줄이고 채찍의 강도는 높여야 효율적으로 조직을 이끌어 갈 수 있다고 생각한다네."

적자사장은 말을 마치고 차를 한 모금 마시더니 입술에 닿는 국화 꽃잎이 거추장스러운 듯 찻잔 속의 금국을 모조리 걷어냈다.

"반대로 당근의 숫자는 늘이고 채찍의 강도는 낮추는 방법도 있지 않을까요?"

"자넨 너무 낭만적이야. 현실은 그렇게 녹녹치 않아. 자네는 직원들이 먹어치우는 당근 값을 채우느라 항상 적자에 허덕일 걸세."

흑자사장은 상과 벌에 대한 제갈량의 말을 소개했다.

상은 공을 세우도록 장려하고 벌은 법령위반을 근절한다.

따라서 상은 공평해야 하고 벌은 균등해야 한다.

어떤 때에 상을 내리는지를 알면 용감한 자는 사력을 다할 바를 알고, 어떤 때에 벌을 내리는지를 알면

악한 자는 두려워할 바를 안다.
그러므로 상을 헛되이 주어서도 안 되고 벌을 함부로 가해서도 안 된다.
상을 잘못 주면 공적을 쌓은 신하가 원망하고, 벌을 함부로 가하면 바르게 사는 사람의 원한을 산다.

"상과 벌이 똑같이 중요하다는 이야기군요."
"상을 잘 주어 나라를 구한 군왕도 있다네.
한고조때 장량과 유방의 이야기지."

어느 날 유방은 전국을 통일한 후 궁궐을 걷고 있었다.
이때 장수들이 한쪽 구석에 모여 쑥덕거리고 있는 것을 보았다.
유방이 장량에게 "저들이 무엇을 하고 있느냐?"고 묻자 장량이 "저들은 반역을 도모하고 있습니다."라고 답했다.

유방이 "이 일을 어떡하면 좋겠느냐?"고 묻자 장량은 "전하께서 가장 미워하는 자가 누구입니까? 그자에게 상을 내리면 반역은 자연히 사라질 것입니다."라고 답했다.

"어찌하여 그러하냐?"고 묻는 유방에게 "전하가 가장 미워하는 자도 상을 받는다면 다른 사람이야 공적에 따라 상을 받을 수 있는 것을 의심치 않을 것이며, 상 받을 것을 의심치 않으면 저들은 자연히 해산할 것입니다."라고 답했다.

유방이 장량의 말에 따라 자신이 가장 미워하는 옹치에게 상을 내리자 모여 있던 장수들은 "옹치가 상을 받는다면 우리가 상 받는 것은 의심할 필요가 없다."면서 흩어졌다고 한다.

"벌보다는 상을 내리는 것이 조직관리에 더 효과적이겠군요."

흑자사장은 케네스 블랜차드Kenneth Blanchard의 「칭찬은 고래도 춤추게 한다」는 책의 내용을 소개함으로써 대답을 대신했다.

 칭찬이라는 말은 누구나 좋아한다.
그러나 실제 우리의 삶은 칭찬과 격려보다는 질책과 부정적인 반응, 그리고 무관심에 둘러싸여 있다.
범고래쇼에서 다시 한번 확신하게 된 것은 벌을 주는 것이야말로 가장 잘못되고 위험한 행동이라는 점이었다.
담당 조련사로부터 잘했을 때는 적극적으로 칭찬을 해줌으로써 고래로부터 칭찬받을 수 있는 행위를 반복할 수 있도록 하고 부정적 행동은 외면하며, 못했을 때는 그 행동에 주목하지 말고 재빨리 다른 행동으로 전환할 수 있게끔 유도한다는 내용의 이야기를 듣게 되었다.
칭찬은 고래도 춤추게 한다.
사람도 마찬가지다.

젊은 기업가는 깊은 생각에 잠겼다.

조직관리라는 말부터 바꾸어야 한다.
조직구성원인 직원들은 관리와 통제의 대상이 아니기 때문이다.
그들은 섬김의 대상이다.
그들은 가장 가까이에 있는 최고의 고객이다.
칭찬하자.
격려하자.
"오늘 브리핑 최고였어!"
"힘내! 자네 꼭 해 낼 거야."
그들의 마음속에 고래들이 춤 출 때까지 칭찬하자.

흑자사장과 적자사장, 그리고 젊은 기업가는 다음에 또 만날 것을 약속하고 자리에서 일어났다.

모두가 돌아간 빈 자리, 찻잔 속의 금국만이 황금빛으로 선명하게 남아 있었다.

젊은 기업가의 흑자사장 선언!

지금 나는 위대한 갈림길의 출발점에 서 있다.
하나는 흑자사장의 길이고 다른 하나는 적자사장의 길이다.
어디로 갈 것인가? 선택은 나의 몫이다.
출발에 앞서 기억해야 할 것은 흑자사장이 되는 것도 조직관리 때문이고 적자사장이 되는 것도 조직관리 때문라는 사실이다.

이제 스스로에게 묻는다.

1. 나는 조직원들에게 긍정적인 기대를 갖고 있는가?
2. 나는 수직과 수평을 조화시킬 수 있는 조직관리 능력을 갖고 있는가?
3. 나는 내 안의 고래들을 춤추게 할 수 있는 조직관리 능력을 갖고 있는가?

나는 3가지 질문 모두에 "예"라고 선언했다.
흑자사장이 되는 길을 선택했기 때문이다.

사례 7 – (주)일삼 정우철 대표

조직관리 역량

(주)일삼은 1972년 창업 이래 특수잉크를 전문적으로 생산하여 온 산업용 안료 및 착색제 분야에서 50% 이상의 시장점유율을 차지하고 있는 우량기업이다.

색상을 다루는 (주)일삼의 경쟁력은 원료나 설비보다는 종사자들의 고유한 노하우에서 창출된다고 믿는 정우철 대표는 "똑같은 쌀과 물로 밥을 지어도 맛이 다 다르듯이 품질은 만드는 이의 마음자세에 달려있다."고 한다.

정대표는 사람의 사고와 자세에 대한 관심이 지대하다. 이런 관심은 그만의 독특한 조직관리 방법인 5S운동을 통해 조직내의 비효율과 낭비를 없애고 안전한 업무수행이 이루어지도록 하고 있다. 5S운동은 일본어 어휘로 정리(せいり:Seiri), 정돈(せいとん:Seiton), 청소(せいそう:Seisoh), 청결(せいけつ:Seiketsu), 습관화(しつけ:Shitsuke)의 일본어 발음이 S로 시작된다고 하여 붙여진 이름이다. 정대표는 5S를 모든 혁신 활동의 근간으로 하여 기본규율의 준수와 설비의 효과적인 이용, 자재관리의 바람직한 모습이 어우러져 경쟁력 강화로 이어지도록 하고 있다.

또한 정대표는 5S를 넘어 '모든 근로자가 안전한 작업으로 행복한 가정을 건설토록 한다.'는 신념을 가지고 있다. 소음방지시설로 작업장 소음이 종전 119dB에서 84dB로 크게 줄어들었다. 이로 인해 안료생산량이 1시간당 300kg으로 종전보다 무려 3배 가까이 증가하는 실적을 올리고 있다. 5S를 실천하여 정리, 정돈, 청소, 청결이 일정한 수준에 이르게 되면 혁신이 일어나고 결과는 생산성 향상으로 나타나고 있다.

(주)일삼은 창사 이래 노사분규가 전무한 기업이다. 이는 정대표가 다양한 복리후생뿐만 아니라 직원들의 건강 등 개인생활에도 깊은 애정과 관심을 기울인 결과이기도 하다. 매주 월요일을 가정방문의 날로 정하여 직원과 저녁식사를 같이하고 있다. '직원들이 경영자를 믿고 따를 수 있게 하는 것이 중요하다'는 정우철대표의 인간가치 중시의 기업가정신과 그에 따른 5S방식의 경영혁신으로 동사는 고객이 원하는 최고의 품질을 적기에 제공할 수 있는 경쟁력을 확보하고 있다.

부록/ 흑자사장과 적자사장의 특징에 대한 기업은행 현직지행장 101명 답변들

흑자사장 특징	적자사장 특징
• 성공방법 및 의지 등에 대한 확고한 신념을 가지고 있다. • 품질개선을 위해 끊임없이 노력한다. • 차입금을 두려워하고 용도에 맞는 정책자금을 활용한다. • 생산 공정관리와 재고관리가 철저하다. • 직원에 깊은 관심을 가지고 노사화합에 앞장선다.	• 공장 내 정리정돈을 잘하지 못하고 낭비요인을 방치한다. • 경기현황에 둔감하고 품질개선 활동이 전혀 없다. • 외상매입금 관리 등 자금관리가 소홀하다. • 외향적인 면을 과도하게 맹신한다. • 경영환경변화에 민감하지 못하고 독단적이며 고집이 세다.
• 시장이나 기술분야에 탁월한 식견을 갖고 있다. • 한 우물파기 등 전문분야에 충실하다. • 매사 경비를 아껴서 사용한다. • 대출 만기 도래일을 상세히 기억하고 있다. • 매사에 치밀하고 꼼꼼하다. • 본연의 일에 성실하고 열정적이며 진취적이다. • 직원을 따뜻하게 배려하고 동정심이 많다. • 대인관계가 좋다.	• 절약정신이 없다. • 시류에 부합하는 등 계획적인 업무추진 역량이 부족하다. • 지나치게 정치적이고 대외지향적이다. • 자신의 능력을 과신한다. • 일을 벌여놓기만 하고 깔끔하게 마무리하는 능력이 부족하다. • 정치 또는 권력에 대하여 관심이 많다.
• 자금관리에 적극적이고 치밀하다. • 하는 일에 전문성(기술성)이 풍부하다. • 새로운 트랜드 인식 및 아이디어 개발능력이 탁월하다. • 향후 시장전망을 예측하고 제품혁신을 지속하는 능력이 뛰어나다. • 제품디자인, 영업 등 핵심부문 관리능력이 우수하다. • 사원의 의견을 존중하고 배려한다.	• 핵심부문의 외부의존 비중이 높다. • 고집이 세고 비타협적이며 사고의 기복이 심하다. • 집중하는 사업이 없고 이것저것 손을 많이 댄다. • 자기 회사 직원에게 고압적, 권위적이고 함부로 한다. • 비도덕적이고 약속을 잘 지키지 않는다. • 사업전망을 지나치게 낙관한다.
• 의사결정이 합리적이다. • 부지런하고 미래에 대한 통찰력과 비전을 갖고 있으며 업무전체를 조망은 하나 책임과 권한은 위임한다. • 까다롭게 협상은 하지만 한번 약속한 사항은 신실하게 지켜 신의가 있다. • 인적 네트워크가 우수하다.	• 사업보다 주식이나 부동산 투자 등 재테크에 주력한다. • 과거 관행에 집착한다. • 허풍이 많고 약속을 어기는 등 신의가 없다. • 기업과 개인의 활동을 명확하게 구분하지 못한다. • 과거의 운영방식을 그대로 고집한다.

흑자사장 특징	적자사장 특징
• 경기 흐름을 정확히 파악하고 장기적으로 사업전환을 모색하는 형이다. • 의사결정시 신중하지만 신속하게 선택과 포기를 결정하는 과단성이 있으며 자금 등 필요한 것은 미리 대비한다. • 적극적인 추진력으로 밀고 나가는 형이다. • 직원에 대한 인정과 배려가 있으며 복지후생에 관심이 많다.	• 자신의 이익을 위해 약삭빠르게 행동하는 형이다. • 미래 대비능력이 떨어지며 장기적 안목보다는 눈앞에 사안에 매달리고 임기응변하는 경향이 있다. • 돈이 된다고 하면 본연의 주된 사업이외에도 곁눈질을 한다. • 현상유지 정도에 만족한다.
• 직원 장악력이 있고 미래비전이 있다. • 언행이 신중하고 약속은 반드시 이행한다. • 인맥관리가 철저하고 자신감이 있으며, 위트가 있고 돈을 필요한 데 쓸 줄 안다. • 종업원을 위하고 가까이 하며 진실한 의사소통을 위해 끊임없이 노력하는 형이다. • 경비를 아끼고 불우이웃돕기 등 선행을 자주 한다.	• 무리하게 사업영역을 넓히고 수습하지 못하는 형이다. • 자기과시형 경비 지출이 많고 이기주의적이다. • 재무관리 능력이 부족하다. • 지나치게 인맥 등에 의존하는 영업을 한다. • 자신의 기술력이 최고라고 생각하며 거래처와 유리한 계약만을 고집하는 형이다. • 신용에 대한 마인드가 부족하다.
• 외부 경영환경 변화에 대비하여 종업원들 스스로 대안을 마련토록 분위기를 조성하는 형이다. • 현장속에서 직원들과 같이 호흡한다. • 현장중심 경영으로 생산성 향상에 전력투구 한다. • 자금관리에 계획성이 있고 경비집행에 엄격하다. • 비전을 가지고 움직이며 핵심을 안다.	• 자금조달능력과 금융지식 없이 오로지 생산분야만 몰두하는 형이다. • 의사결정이 즉흥적이고 약속을 잊어버리는 경우가 많다. • 제품 품질보다 연고 등에 의한 외형확대에 주력한다. • 자금관리의 계획성이 부족하고 임시변통적이다. • 사업외적인 일에 관심과 열정을 소비한다.
• 남보다 잘할 수 있는 분야에 지속적으로 투자한다. 성공에 대한 강한 자신감과 인내력이 있다. • 전문성 및 기술력이 있고 동업계 변화에 민감하다. • 어려울 때를 대비하며 항상 변화를 생각하고 있다.	• 중요한 결정을 직원에게 미루며 대충하는 경향이 있다. • 계획이 거창하고 위험요소에 대한 준비가 모자란다. • 자신의 판단을 과신하며 직원들에 대하여는 권위적이다. • 하부 위임 없이 의사결정을 독식한다.

흑자사장 특징	적자사장 특징
• 외유내강형이다.(겉으론 부드러우면서 내면에는 강단이 있다) • 자사의 신용에 대한 관심도가 높다. • 경쟁력 있는 아이템을 가지고 있으며 부단히 새로움에 많은 노력을 기울인다. • 기업의 경영성과를 직원과 공유하고, 직원에 대한 신뢰를 보낸다. • 변화와 혁신에 능동적으로 대처한다.	• 회사 기반이 튼튼하지 않는데도 외부활동(많은 직함)에 정력을 낭비한다. • 직원들과 따로 논다.(권위형, 직원을 머슴으로 안다.) • 회사 재정관리 부문에 약해서 전적으로 부하직원이나 세무사 등에게 의존한다. • CEO가 아니라 엔지니어(기술자)나 연구소 직원 역할만 하고 그에 대한 아집이 강하다.
• 항상 고객의 관점에서 생각하고 행동한다. • 시장이나 기술분야에 탁월한 식견을 가지고 있다. • 꼼꼼하고 깐깐하며 늘 회사일이 우선이다. • 성실하고 진실하며 겸손하다.(투명경영을 하고 있다.) • 본업에 충실하고 거의 매일 작업장을 순시한다. • 사훈을 갖추고 있고 경영목표 등이 뚜렷하며 사무실, 공장 정리정돈이 잘되어 있다.	• 자기 사업분야에 대한 전문가적 식견이 부족하다. • 사업에 대한 자만으로 무리한 사업확장과 거래처관리 등에 소홀한 경향이 있다. • 잘 모르는 사업에 투자한다. • 분수에 맞지 않게 생활하며 절약정신이 없다. • 잘난척을 많이하고 능력을 과신한다. • 독선적이고 환경변화에 관심이 없다.
• 배우려는 자세, 환경에 대처하는 능력(변화)이 있다. • 기술력을 보유한 전문분야에 전념한다. • 회사직원들에게 늘 관심을 갖고 있으며, 가족처럼 대한다. • 사업분야의 해박한 지식을 갖고 있으며, 관련사람들과 어울리기를 좋아한다. • 겸손하고 관련기관 등과 원만한 관계를 유지한다.	• 연체가 있고, 부금납입 등 약속이 잘 지켜지지 않는다. • 힘있는 명사들과 가까이 지내는 것처럼 자주 거론한다. • 직원들에게 독단적이어서 직원들이 자주 교체된다. • 이자 무서운줄 모르고 무조건 많은 대출을 쓰고 본다. • 직원들과 의사소통이 단절되어 있다.
• 타인을 잘 배려하고, 의사결정에 있어서도 대외 환경 변화에 한발 빠르게 대응하며, 전문가의 조언을 수시로 구한다. • 기술력을 보유한 전문분야에 전념한다. • 사장이 직접 영업활동에 앞장선다. • 환경변화에 능동적으로 대처한다. • 본업에 충실하다.	• 사업과 상관없는 모임이 많으며, 감투(명함 등)도 많이 갖고 있다. • 과욕으로 무리한 투자를 하여 유동성 악화를 초래한다. • 회사를 개인 소유재산으로 간주하는 경향이 강하다. • 주먹구구식으로 경영을 한다.

흑자사장 특징	적자사장 특징
• 작은 돈이라도 구두쇠처럼 정확하지만 큰돈이라도 필요하다고 판단되면 과감하게 쓸 줄 안다. • 항상 공부하는 자세를 유지한다. • 직원들과 의사소통 및 복지후생개선에 적극적이다. • 사교적이나 억제력을 발휘한다. • 창조적 변화를 모색한다.	• 기술개발과 변화에 순응하지 못하고 게으르다. • 리더십 부재로 직원관리에 실패한다. • 시장 흐름을 파악하지 못한다. • 마케팅능력이 부족하다. • 정직하지 못하고 신뢰감이 부족해 어려울 때 거래처로부터 도움을 받지 못한다. • 결단력 부족으로 시기를 놓친다.
• 본업에 충실하고 절제된 생활태도를 유지한다. • 장차의 환경변화에 대한 대응방안을 항상 생각한다. • 동반자 내지 협력자와의 관계를 중시한다. • 겸손하고 관련기관등과 원만한 관계를 유지한다. • 기술개발 마인드와 마케팅 능력을 보유하고 있다.	• 낮은 도덕성과 복잡한 사생활로 사업에 매진하지 못한다. • 모든 재산을 가족명의로 분산해 놓고 유사시에는 빠져나갈려는 의도를 갖고 있다. • 사업적 감각과 도전의식이 부족하여 현상유지에만 급급하고 발전이 없다. • 본업에 충실하기 보다는 한건주의에 젖어 무리한 투자로 실패하는 경향이 많다.
• 조직을 장악하고 리더십이 우수하다. • 성과에 대한 보상이 명확하며 공과 사를 분명히 한다. • 본업에 충실하고 절제된 생활태도를 유지한다. • 회사를 투명하게 경영하고 도덕성을 갖추고 있다. 장차의 환경변화에 대한 대응방안을 항상 생각한다. • 동반자 내지 협력자와의 관계를 중시한다.	• 능력과신과 과시용 소비 경향이 있다. • 신규진출 사업에 대한 시장조사 능력이 부족하다. • 구술이 일사천리인 사람치고 실속없다. • 미래 예측능력이 부족하다. • 계획성이 없이 회사를 운영한다. • 자신을 과대포장하고, 잘난체하는 경향이 있다. • 자기 생각보다 특정 직원에게 너무 의존한다. • 솔직하지 못하다.
• 항상 공부하는 자세를 유지한다. • 사업에 대한 통찰력을 바탕으로 중장기 사업계획을 수립하고 엄격히 실천한다. • 매사 손익분석에 탁월하다. • 품질향상, 신제품 개발을 위해 매출액의 일정액을 연구개발비로 과감히 투자한다. • 의사결정이 빠르고 즉시 실행한다.	• 사업의 성공 가능성을 과신하고 자기 치적을 확대하여 이야기한다. • 시설투자에 욕심을 내고 무리한 투자를 한다. • 사업은 부하직원에게 맡기고 외부 모임참석에 시간을 많이 할애한다. • 작은 사업 성공에 안주한다. • 사람만 좋아 결단력이 없다.

흑자사장 특징	적자사장 특징
• 직원과 함께 동고동락하며 권위를 내세우지 않는다. • 높은 도덕성을 유지하며 종업원 복지후생에 힘쓴다. • 경쟁업종의 동향파악이 뛰어나다. • 의사결정을 합의하여 도출하고 직원의견을 존중한다. • 직원관리가 철저하다.	• 미래를 예측하지 못하고 현 상황을 즐기는 데 바쁘다. • 하부 위임 없이 의사결정을 독식한다. • 시간 개념이 부족하고 약속 공수표를 남발한다. • 약속을 잘 지키지 않으며 즉흥적이다. • 줄 것은 제대로 주고 받을 것은 제대로 못받거나(어음/외상) 그 반대이다.
• 자기업종의 장단점 파악을 잘하고 있다. • 자기회사 비전에 대한 확신을 갖고 있다. • 자기회사와 관련된 고객에 대한 철저한 관리를 한다. • 수익과 비용에 대한 탁월한 계산 및 판단능력을 보유하고 있다. • 사장 스스로 업종에 대한 전문적인 능력을 보유하고 있다.	• 외부에 얼굴내밀기(모임,행사등)에 열심이며 그것을 자랑스러워 한다. • 열의가 부족하고 미래에 대한 비전이 없다. • 회사에 있는 때가 거의 없고, 직원들이 사장의 소재를 모른다. • 회사가 청결하지 못하고 항상 지저분하다. • 직원과 거래처에 대한 불만을 많이 늘어 놓는다.
• 기억력과 숫자관념이 우수하다. • 솔직하고 당당한 행동으로 상대방이 신뢰를 갖게 한다. • 공사구분이 확실하다. • 주변 시류에 휩쓸리지 않고 자기 길을 지킨다. • 사업과 대인관계 유지에 시간배분을 잘한다. • 책임지지 못할 말은 안 하고 상대방의 입장을 고려하는 등 언행을 신중히 한다. • 기회/위기를 예견(통찰력 탁월)한다.	• 회사 경영과 관련된 수치를 제대로 파악하고 있지 못하다. • 은행과의 관계에서 지나치게 수용적이거나 거부적이다. • 현실에 안주하여 변할려고 하지 않는다. • 현재 직원들의 능력을 현시점에서 평가하고 마음에 들지 않으면 가차없이 그만두게 한다. • 연구개발을 소홀히하고 시설투자에 관심이 없다.
• 목표의식이 확실하다.(계획적인 plan-do-see) • 금리/제비용에 민감하고 꼼꼼(자금관리 철저)하다. • 줄 것 주고 받을 것 받는다.(합리적 선택) • 신제품개발 및 특허출원에 주력한다. • 자기일에 미쳐 있다.	• 자기회사의 매출액도 잘 모른다. • 정장차림으로 사무실에 주로 있다. • 대외적으로 사교성이 부족하다. • 본업보다 부업에 관심이 있으나 리스크를 생각하지 않는다. • 자금의 흐름에 무관심하며 꼼꼼하지 못하다. • 언행의 신뢰도가 낮다.

흑자사장 특징	적자사장 특징
• 시간 관리에 철저하다.(부지런함과 성실함 겸비) • 겸손함과 자신감을 마케팅에 적절히 활용한다.(신뢰감 구축) • 미래에 대한 비전과 경영방침이 확고하며 추진력이 있다. • 다른회사의 좋은 경영방식을 받아들이기 위해(노력하며) 유연하게 대처한다.	• 부하직원에게 관심이 소홀하다. • 감성적인 경영마인드가 약하다. • 자신의 능력을 벗어나는 무리한 투자계획을 강행한다. • 한번 만난 사람도 형,동생하며 쉽게 친한 척 하고 그 사람을 매우 잘 아는 척 남들에게 떠들고 다닌다. • 과장되고 허풍이 많다.
• 속내를 가볍게 내보이지 않는다. • 열정을 갖고 사업에 올인한다. • 꼼꼼하게 챙기며 메모를 즐긴다. • 변화의 흐름을 놓치지 않으려 노력한다. • 회사의 재무 현황을 잘 파악하고 있다. • 직원들이 충성하도록 카리스마를 지니고 있으며, 회사분위기(조직문화)에 관심이 많다. • 본업과 관련없는 사업에는 투자하지 않는다.	• 사람의 눈을 똑바로 오래 쳐다보지 못하고 말 끝을 흐린다. • 투자 수익률이 매우 큰 무모한 사업계획에 쉽게 현혹된다. • 자신의 배경을 은근히 과시하며 힘있는 사람들과 교분이 깊은 척한다. • 독단적으로 의사를 결정하고 의사결정 및 직원에 대한 불신을 갖고 있다.
• 항상 겸손하고 상대방에게 감사함을 표시한다. • 적금을 꾸준히 불입하며 유동성을 확보하는 동시에 직원들로 하여금 이를 고정비로 인식토록하여 경비 절감을 유도한다. • 회사방문시 마다 작업복차림으로 현장에 있다. • 항상 변화와 혁신을 추구한다. • 회사 직원들의 인력관리(육성)에 주력한다. • 마케팅 정보에 귀를 열어 놓고 있다. • 업종별 전문가와의 사교가 좋다.	• 인정에 쉽게 이끌린다. • 권위적으로 업무를 추진하고 공사가 불분명하다. • 사업에 대한 전문성이 부족하고 기술개발 등 혁신노력이 부족하다. • 의사결정이 가볍다. • 종업원에 대한 대우에 인색하다. • 자기절제력이 부족하여 돈을 잘 쓴다. • 약속을 잘 지키지 않는다.
• 부지런하고 늘 배우고자 노력한다. • 외상거래는 되도록 하지 않는다. • 종업원에 대한 배려가 대단하다. • 미래에 대한 비전이 뚜렷하고 믿음을 가지고 실천한다. • 사람을 한번 사귀면 깊이 오래 사귀며 지인 관리에 소홀함이 없다.	• 거래처 로비에 의존한다. • 대출이자 및 신용카드 연체에 불감증이다. • 자기사업에 대해 과대망상적 기대감을 갖고 있다. • 사업규모 대비 경비지출이 심하다. • 우유부단하다. • 현금수지 관리 능력이 없다.

흑자사장 특징	적자사장 특징
• 자신의 이익만을 쫓지 않으며 절제있게 베풀 줄 안다. • 창의력이 뛰어나며 새로운 것에 대한 호기심이 충만하다. • 매사에 신중하다. • 안정을 추구하나 변화를 두려워 하지 않고 늘 변화를 주도한다. • 항상 연구하며, 창의적이다.	• 조직 장악 능력이 낮다. • 변화에 대응치 못하고 현실에 안주한다. • 대인 관계가 소극적이다. • 사장이 생산이나 납품 등의 업무는 잘하지만 경리, 세무 등의 업무는 잘모른다. • 근시안적인 사고를 갖고 있다. • 사장이 술을 즐겨 마시며 술마신 다음날 연락이 잘 안된다.
• 객관적이고 진취적으로 사고하며, 합리적인 의사결정을 한다. • 직원에 대한 의사존중과 배려, 잘잘못에 대한 명확한 상과 벌을 시행한다. • 현장의 구석구석을 누구보다 꿰뚫고 있다. • 근검절약 정신이 배어있다. • 직원들의 일거수일투족을 정확히 파악하고 있다.	• 사업장 방문시 종업원들이 외부손님을 봐도 모른 척하며 관심이 없다. • 과시욕이 지나치거나 반대로 용모가 지저분하다. • 주관이 약하여 남의 말에 부화뇌동한다. • 막연히 본인 사업이 잘되리란 의식에 젖어 있다. • 직원들의 의견보다 자신의 의견만 앞세운다.
• 정보수집에 열성적이다. • 세계 1등 제품 생산에 전력투구한다. • 변화에 민감하고 신속하게 대처한다. • cash-flow 관리능력이 우수하다. • 과단성이 있고 친화력을 겸비하고 있다. • 사장본인이 회사내 모든 업무를 꿰뚫고 있다.	• 장기적인 안목보다 단기적인 순간 모면 형이다. • 적절한 권한위양을 못하고 독단적인 경영으로 비상시 조직적인 대응을 못하는 경우가 허다하다.(사장이 없으면 아무것도 못하게 됨) • 회사가 청결하지 못하고 항상 지저분하다.
• 직원 관리능력이 우수하고, 모든 직원들이 외부손님에게 인사를 하며 반긴다. • 직원들을 중시하며, 동종업종내에서 급여수준도 높고 급여지급일은 반드시 준수한다. • 긍정적이고 대인관계가 좋아 많은 사람을 알고 있다.	• 계획성이 부족하고 너무 즉흥적인 면이 많아 남들에게 불안감을 주는 경향이 있다. • 과거에 집착하여 변화에 대응속도가 늦거나 회피하려 한다. • 직원에 대한 배려나 후생대책이 없다. • 월급을 제때에 지불하지 않는다.

위의 내용은 기업은행 현직지행장 101명이 답변해 준 내용 중 일부를 발췌하여 표 형식으로 정리한 글입니다.

흑자사장과 적자사장의 특징에 대해 응답해준 기업은행 지행장 101명

1. 광적지점 / 박현표 지행장
2. 과천지점 / 김성규 지행장
3. 강동구청역지점 / 김연목 지행장
4. 강남대로지점 / 이상진 지행장
5. 가좌공단지점 / 조치영 지행장
6. 강릉지점 / 김기선 지행장
7. 건대역지점 / 오영권 지행장
8. 구로동지점 / 이재구 지행장
9. 길동지점 / 최영흥 지행장
10. 김해진영지점 / 김재화 지행장
11. 군포공단지점 / 형만욱 지행장
12. 공항동지점 / 진궁식 지행장
13. 교대역지점 / 김기화 지행장
14. 논현남지점 / 김용갑 지행장
15. 노량진지점 / 주병욱 지행장
16. 남수원드림기업지점 / 문대회 지행장
17. 대림동지점 / 송소영 지행장
18. 동수원기업금융지점 / 김용철 지행장
19. 도당동지점 / 설선재 지행장
20. 도당기업금융지점 / 임경락 지행장
21. 도당중앙지점 / 채수경 지행장
22. 도림동지점 / 박경식 지행장
23. 동대문지점 / 안덕준 지행장
24. 마포지점 / 정대연 지행장
25. 마포역지점 / 송익진 지행장
26. 마산내서지점 / 정종숙 지행장
27. 목동쉐르빌지점 / 이정애 지행장
28. 경안드림지점 / 장영기 지행장
29. 무역센터지점 / 김원태 지행장
30. 문래하이테크지점 / 오상수 지행장
31. 방배동지점 / 문병우 지행장
32. 방이역지점 / 배영훈 지행장
33. 반월기업금융지점 / 오금필 지행장
34. 반월중앙지점 / 김태환 지행장
35. 부평지점 / 김태식 지행장
36. 반월유통단지지점 / 임승균 지행장
37. 부천테크노지점 / 조성민 지행장
38. 분당서현역지점 / 송병호 지행장
39. 비산동지점 / 이헌노 지행장
40. 산본역지점 / 권훈상 지행장
41. 삼성역지점 / 정원봉 지행장
42. 상동중앙지점 / 배대호 지행장
43. 삼성지점 / 김월수 지행장
44. 삼양동지점 / 김종우 지행장
45. 삼전동 지점 / 이호헌 지행장
46. 서귀포지점 / 김명수 지행장
47. 서초3동지점 / 정윤석 지행장
48. 서잠실지점 / 강천중 지행장
49. 센텀시티지점 / 조은옥 지행장
50. 서김해지점 / 오종환 지행장
51. 성남공단지점 / 엄성일 지행장
52. 성수2가지점 / 최병립 지행장
53. 소사본동지점 / 김명도 지행장
54. 속초2지점 / 정정규 지행장
55. 송내동지점 / 정규봉 지행장
56. 송우지점 / 강전택 지행장
57. 신제주지점 / 이용덕 지행장
58. 성서지점 / 이병홍 지행장
59. 수지지점 / 최일환 지행장
60. 수지동천지점 / 이은병 지행장
61. 시화공단기업금융지점 / 서태준지행장
62. 신촌지점 / 박대현 지행장
63. 시흥지점 / 고경일 지행장
64. 심곡동지점 / 이용한 지행장
65. 아산드림지점 / 김광섭 지행장
66. 안양지점 / 김정갑 지행장
67. 안암동지점 / 전화숙 지행장
68. 암사역지점 / 이종국 지행장
69. 양재역지점 / 전준열 지행장
70. 역삼장미지점 / 고대진 지행장
71. 염창동지점 / 최규철 지행장
72. 연수지점 / 주병오 지행장
73. 역곡지점 / 오인환 지행장
74. 오산원동지점 / 이용수 지행장
75. 원종동지점 / 구신회 지행장
76. 외동공단지점 / 윤용일 지행장
77. 의왕지점 / 장명식 지행장
78. 웅상지점 / 정재희 지행장
79. 을지로지점 / 김성종 지행장
80. 응암동지점 / 서태만 지행장
81. 인천지점 / 정세현 지행장
82. 인천원당지점 / 김도진 지행장
83. 전주지점 / 안종권 지행장
84. 전주서신동지점 / 하동현 지행장
85. 종로지점 / 이진호 지행장
86. 주안북드림기업지점 / 오상선 지행장
87. 주안북지점 / 민영대 지행장
88. 중곡동지점 / 신승수 지행장
89. 장림동기업금융지점 / 김병갑 지행장
90. 진주지점 / 양진소 지행장
91. 창원공단지점 / 전종호 지행장
92. 청담동지점 / 김진연 지행장
93. 춘의테크노지점 / 이태호 지행장
94. 청계7가지점 / 김기성 지행장
95. 통영지점 / 박재형 지행장
96. 파주교하지점 / 정병수 지행장
97. 평택아크로타워지점 / 장영환 지행장
98. 회기역지점 / 이임수 지행장
99. 하남지점 / 이선권 지행장
100. 평택지점 / 박정식 지행장
101. 하남공단지점 / 문병진 지행장

〈자료 정리 당시 지행장들〉

적자사장 흑자사장

초판 1쇄 인쇄 2009년 1월 5일

지은이 조병선
발행인 김용호
발행처 해피맵북스
　　　　(나침반출판사 가족 - www.nabook.net)
등 록 1980년 3월 18일 / 제2-32호
주 소 110-616 서울 광화문 사서함 1641호
전 화 본사 (02)2279-6321~3 영업부 (031)932-3205
팩 스 본사 (02)2275-6003　영업부 (031)932-3207

이메일 happymap21@korea.com

ISBN 978-89-318-1393-7　03190
책번호 자-1005

· 값은 뒷표지에 있습니다.
· 잘못 만들어진 책은 구입처나 본사에서 바꿔드립니다.

＊ 해피맵북스(HappyMap Books)는 나침반출판사 가족입니다.